Katharina Sommer

111 Orte
in und um Tübingen,
die man gesehen
haben muss

emons:

Bibliografische Information der Deutschen Nationalbibliothek
Die Deutsche Nationalbibliothek verzeichnet diese Publikation
in der Deutschen Nationalbibliografie; detaillierte bibliografische
Daten sind im Internet über http://dnb.d-nb.de abrufbar.

© Emons Verlag GmbH
Alle Rechte vorbehalten
© der Fotografien: siehe Seite 240
© Covermotiv: mauritius images/Westend61
Layout: Eva Kraskes, nach einem Konzept
von Lübbeke | Naumann | Thoben
Kartografie: altancicek.design, www.altancicek.de
Kartenbasisinformationen aus Openstreetmap,
© OpenStreetMap-Mitwirkende, ODbL
Druck und Bindung: B.O.S.S Medien GmbH, Goch
Printed in Germany 2016
ISBN 978-3-95451-852-4
Originalausgabe

Unser Newsletter informiert Sie
regelmäßig über Neues von emons:
Kostenlos bestellen unter
www.emons-verlag.de

Vorwort

Obwohl ich nach gut 30 Jahren Tübingen nur noch als halb »reingeschmeckt« gelten dürfte, hat sich meine Arbeit an den 111 Orten in und um die kleine Weltstadt am Neckar als erstaunliche Reise erwiesen. Zwischen Offensichtlichem und Verstecktem war nichts zu groß und nichts zu klein. Egal, ob das kaum zu übersehende Thiepval-Areal oder der fast nicht mehr auszumachende Ammerfriedhof, der protzige Waldhäuser Wasserturm oder ein kleiner Automat für Blumensamen – vieles hat in und um Tübingen mein Stadtbild verändert. Ich bin kuriosen, lustigen, historischen, aber auch traurigen Orten begegnet, und je nach Perspektive und zweitem Blick eröffneten sich unbekannte, spannende Aspekte. Tübingen lässt sich nicht neu erfinden, aber hier und dort neu erschließen.

Wer in diesem Buch über Tübingen und Umgebung eine leidenschaftliche Beschreibung des Hölderlinturms erwartet, wird aber vergeblich blättern. Auch das neu herausgeputzte historische Rathaus hat es nicht auf die Seiten geschafft, ebenso wenig wie die Kunsthalle, die mit ihren hochkarätigen Ausstellungen Tübingen vor Jahren schon an die Seite großstädtischer Museen katapultierte. Denn Tübingens »klassische« Sehenswürdigkeiten sind bereits bestens beschrieben und aufgearbeitet.

Allein von Neugier angetrieben, habe ich die 111 Orte wie zufällig aneinandergereiht. Heute gehe ich mit Freude, Respekt und nach wie vor mit ungebrochener Wissbegierde durch die mit ihren unzähligen Facetten so reiche Stadt, die eingebettet ist in ihr nicht weniger faszinierendes Umland. Meine Begeisterung für Land und Leute zu teilen und den Blick auf Tübingen und Umgebung zu schärfen, das ist die Idee dieses Buches.

111 Orte

1__Im Gärtle

Kunstwerke auf Teller und Leinwand

Das Wort Kunstgenuss hat »Im Gärtle« eine weitreichende Bedeutung. Denn das nunmehr in der dritten Generation geführte Restaurant am Rand des Schönbuchs verbindet Kunst und Kulinarik in einem Ambiente von ganz eigenem Flair. In jedem der Räume, von der gemütlichen Malerstube über das barocke Kaminzimmer bis hin zum lichtdurchfluteten Pavillon, überall setzen Werke des Künstlers Manfred Luz »malerische« Akzente. Selbst Gartenzimmer und Terrasse bilden da keine Ausnahme. Das hat natürlich einen Grund. Vor knapp 50 Jahren realisierte Luz mit der Eröffnung seines Restaurants die Idee, Gaumenfreuden und Kunst zusammenzubringen. Gelungen ist es ihm allemal. Heute hantieren seine Enkel leidenschaftlich mit Kochtopf und Kelle und überzeugen Gourmets wie Schleckermäuler gleichermaßen. Küchentraditionen gehen hier ganz nach dem Motto des Deutschen Hotel- und Gaststättenverbandes »Schmeck den Süden« Hand in Hand mit moderner Gastronomie. Als Garant für unverfälschten Genuss finden nur qualitativ hochwertige Produkte der Region ihren Weg auf den Tisch.

Nur ein paar Meter durch den Garten öffnet sich eine weitere Tür, hinter der das Lebenswerk des passionierten Künstlers Luz seinen Platz gefunden hat. Das nach Richtlinien moderner, funktionaler Architektur in Eigenregie erbaute Kunstmuseum im Bauhausstil dokumentiert seine von unterschiedlichen Strömungen wie Kubismus und Expressionismus oder auch metaphysischer Bildsprache geprägten Schaffensphasen auf 500 Quadratmetern Ausstellungsfläche. Rund 140 Werke, meist in Aquarell oder Öl, zeigen die Entwicklung und Ausdruckskraft des Künstlers seit frühester Jugend: von ersten Körperstudien über oft großflächige farbenstarke Gemälde bis hin zu Werken, in die vielerlei Motive Eingang fanden. So thematisierte er etwa mit Tschernobyl dunkle Kapitel der Geschichte genauso wie die einzigartige Schönheit von Landschaft und Natur.

Adresse Restaurant »Im Gärtle« und Kunstmuseum Manfred Luz, Bebenhauserstraße 44, 72119 Ammerbuch-Entringen, www.imgaertle.de und www.kumuluz.de | **ÖPNV** Regionalbahn, Haltestelle Ammerbuch-Entringen, Fußweg etwa 10 Minuten | **Öffnungszeiten** Restaurant Mi–Do 11.30–14.30 und 17.30–23.30 Uhr, Fr–So 11.30–21.30 Uhr, ab Mai auch Di; Kunstmuseum Manfred Luz Fr–So 14–18 Uhr | **Tipp** An der Evangelischen Michaelskirche in der Kirchstraße sind teilweise noch Fragmente aus romanischer Zeit erhalten. Öffnungszeiten: April–Okt. So nach dem Gottesdienst bis 18 Uhr.

2 Die Römerquelle

Auch stille Wasser sind nass

Dass sich an der Quelle bei Bad Niedernau schon die Römer labten, brachte dem Geschenk der Natur ganz zu Recht seinen Namen ein. Bei Grabungen im Jahr 1836 wurden nicht nur Schmuck und Gefäßfragmente aus der Römerzeit ans Tageslicht befördert, sondern auch rund 300 Münzen aus der Zeit von Kaiser Nero bis Kaiser Valens und nicht zuletzt ein Relief Apollo Grannus'. Der Tausendsassa im Pantheon römisch-griechischer Kulturen galt auch den Kelten als Gottheit des Quellwassers und Bades. Ob der Ort am Zugang der Wolfsschlucht auch der römischen Badekultur diente oder als Heiligtum für die Bewohner der nahe gelegenen bedeutenden Siedlung Sumelocenna, bleibt bislang offen.

Vergessen wurde die Quelle seither nicht. In Chroniken taucht sie erstmals 1471 als »Sauerbronnen« auf. Doch das feinperlige Wasser schmeckt eher mild und erfrischend – Eigenschaften, die dem Weg des Wassers zu verdanken sind, das aufgrund seines Mineralienreichtums heute gar als Heilwasser deklariert wird. Ins Erdreich eingesickertes Regenwasser passiert neben der Grundwasserschicht mehrere Gesteinsschichten aus Kalkstein, Dolomit und Tonsteinen und reichert sich hier mit Mineralstoffen, allen voran Calcium, an. In rund 25 Metern Tiefe ist die Reise zu Ende, denn hier trifft das Wasser auf eine undurchlässige Schicht vulkanischen Ursprungs.

Dass Niedernau 1936 den Beinamen »Bad« erhielt, ist auf den Arzt Franz Xaver Raidt zurückzuführen, der 1804 in dem malerischen Dörfchen ein Kurbad etablierte. Wer etwas auf sich hielt, erholte sich genau hier. Da bildete auch die württembergische Königsfamilie keine Ausnahme. 1961 kaufte das Unternehmen Aqua Römer die Quelle auf und vertreibt seither das Wasser des ergiebigen Gesundbrunnens.

Verfehlen kann man die Quelle kaum, denn ein modern-römisches Häuschen nebst öffentlich zugänglichem Wasserhahn markiert seit Jahren die Stelle.

Adresse Bachstraße (Verlängerung Waldweg), 72108 Bad Niedernau | **ÖPNV** Regional-bahn bis Bahnhof Rottenburg; von hier aus Bus AST 7626, Haltestelle Bad Niedernau (insgesamt 20 Minuten); dann etwa 20 Minuten zu Fuß entlang der Bachstraße | **Öffnungszeiten** Im Winter ist das Wasser abgestellt. | **Tipp** Beim ehemaligen Kurhaus lockt linker Hand der Bachstraße eine kleine, gepflegte Parkanlage mit See und Pavillon zum Nichtstun.

3 Die Sieben-Täler-Höhle

Schmaler »Gang« zwischen Faszination und Panik

Dort, wo im Katzenbachtal Fledermäuse ein heimeliges Winterquartier finden, wartet auf unerschrockene Abenteurer eine »kleine« Herausforderung, auf Klaustrophobiker ein Alptraum. Denn klein und eng ist die größte Höhle im Landkreis Tübingen letzten Endes doch.

Schon der Eingang, mehr Höllenschlund als Höhlenschlund, zwingt Couragierte im wahrsten Sinne des Wortes sofort in die Knie. Nur kriechend sind die ersten Meter in die Unterwelt des vor 200 Millionen Jahren abgelagerten Muschelkalks zu bewältigen, es sei denn, man ist kaum größer als eine Fledermaus. Selbst unsere Vorfahren, Bären und anderes Getier bevorzugten vor Tausenden von Jahren deutlich geräumigere Höhlen im benachbarten Jura der Schwäbischen Alb als schützende Unterkunft.

Wer die ersten Meter ins Innere hinter sich gebracht hat, wird zumindest mit der Möglichkeit belohnt, mehr oder minder aufrecht zu gehen. Die 207 Meter lange Höhle ist zwar als Trockenhöhle bekannt, für nasse Füße kann es aber mit dem manchmal schlammigen Untergrund durchaus reichen. Schließlich ist das Biotop und Naturdenkmal durch die Kraft des Wassers entstanden. Kohlendioxidhaltiges Regenwasser sickerte durch Felsrisse und Spalten ein und formte langsam, aber stetig durch Auswaschung und Kohlensäureverwitterung des Muschelkalks den schmalen Tunnel, der heute die Bezeichnung Höhle tragen darf. Wer der Kletterkunst mächtig ist, kann die Abenteuertour vielleicht auch trockenen Fußes bewältigen. Nur einmal zweigt ein kurzer Nebengang ab, der aber nach wenigen Metern endet. Sich zu verlaufen ist somit nicht möglich.

Die Begehung der Sieben-Täler-Höhle wird im Schein der Taschenlampen mit dem Anblick fossilreicher Felswände belohnt. Denn was vor Jahrmillionen im hiesigen Meerwasser kreuchte und fleuchte, lagerte sich nach und nach ab. Hier mitten im Gestein trifft Urzeit auf Gegenwart, trifft Faszination auf Beklemmung.

Adresse 72108 Bad Niedernau | **ÖPNV** Regionalbahn bis Bahnhof Rottenburg; von hier aus Bus AST 7626, Haltestelle Bad Niedernau (insgesamt 20 Minuten); dann etwa 35 Minuten zu Fuß entlang der Bachstraße, die bei der Römerquelle neben dem Katzenbach in einen Waldwanderweg übergeht | **Öffnungszeiten** Mai–Okt. (Nov.–April gesperrt wegen der Fledermäuse) | **Tipp** Einen Katzensprung entfernt liegt eine vom 17. Jahrhundert bis 1906 genutzte Ziegelhütte. Bis 1957 wurden an derselben Stelle ein Kalkofen und ein Kalkwerk betrieben. Nach einem Einsturz 2012 blieb nur der Kalkofen erhalten.

4___ Das Kloster Bebenhausen

Da drückten die Zisterzienser ein Auge zu

Eine schillernde Persönlichkeit soll Pfalzgraf Rudolf I. von Tübingen gewesen sein, der während seiner Herrschaft einiges bewirkte.
Dazu zählt auch die Gründung des Klosters Bebenhausen, das um
1183 von ihm gestiftet wurde. Ganz einfach war es nicht. Ch de-
reien im Schönbuch waren damals im Besitz des Bistums Speyer.
Erst durch einen Gütertausch, die Schenkung der Martinskirche in
Meinsheim, bekam Rudolf das vorgesehene Areal in und um das heu-
tige Bebenhausen. Dabei ließ er sich von mehr als reinem Wohlwol-
len leiten, denn der Pfalzgraf wollte mit der Klostergründung auch
etwas für sein eigenes Seelenheil tun und gleichzeitig für sich und
seine Lieben eine Grablege begründen.

Der Aufbau des Klosters selbst ging, wie die Geschichte verrät, nur
schleppend voran. Die erste kleine Gemeinschaft des Prämonstraten-
serordens kam vermutlich aus einer 1171 in Obermarchtal gegründeten Abtei. Warum auch immer – funktioniert hat das Unterfangen nicht. Lag es an Ordensregeln, Ordensspiritualität oder vielleicht
auch an Gründen außerhalb des Einflusses der Regularkanoniker?
Fakt ist, dass die Prämonstratenser Bebenhausen noch im Jahrzehnt
ihrer Ankunft wieder den Rücken kehrten.

Rudolf übertrug das Kloster dem Orden der Zisterzienser, die
1190 mit zunächst zwölf Mönchen unter Abt Diepold Bebenhausen übernahmen. Von da an ging es mit dem Auf- und Ausbau des
Klosters steil bergauf, und Bebenhausen konnte sich bald eines beachtlichen Reichtums rühmen. Ein Konflikt war allerdings vorprogrammiert. Laut Ordensregel ist unter Zisterziensern eine weltliche
Grablege tabu. Als Klostergründer Rudolf 1219 verstarb, war guter Rat teuer. Nach vielen Überlegungen entschieden sich Abt und
Mönche schließlich für den Kompromiss einer schmucklosen Grab-
platte ohne Inschrift in einer Ecke des Kapitelsaals. Nach mehreren Öffnungen der Gruft liegt die Platte heute mit der Unterseite
nach oben.

Adresse Kloster und Schloss Bebenhausen, 72074 Tübingen-Bebenhausen | **ÖPNV** Bus 826, 828, 754, Haltestelle Bebenhausen Waldhorn | **Öffnungszeiten** Kloster: April–Okt. Mo 9–12 und 13–18 Uhr, Di–So 9–18 Uhr; Nov.–März Di–So 10–12 und 13–17 Uhr | **Tipp** Ein kleiner Friedhof direkt an der Ostseite der Klosterkirche scheint mit alten Grabsteinen und Inschriften aus längst vergangenen Tagen wie ein verwunschener Ort.

5__Das Belsener Kirchle

Wer alle Geheimnisse kennt, kennt kein Geheimnis

Die Belsener Kapelle, eine der ältesten romanischen Chorturmkirchen in Baden-Württemberg, wurde an der Stelle eines kleineren Vorgängerbaus zwischen 1140 und 1150 errichtet. Damals, im tiefsten Mittelalter, wussten die Baumeister vermutlich ganz genau, was sie taten. Rund 970 Jahre später allerdings scheint manches nicht mehr so klar.

Eine merkwürdige, sich auf etwa einen halben Meter konisch verjüngende und dann wieder konisch erweiternde Öffnung in der oberen Südostecke der Kirchenmauer gab lange Zeit Rätsel auf. Heute weiß man, dass es sich um ein Sonnenloch handelt, durch das während der Tagundnachtgleiche einfallende Strahlen der aufgehenden Sonne an der gegenüberliegenden Kirchenwand ein Lichtspektakel, ein Lichtkreuz zeichneten. Seit 1824 bleibt das geheimnisvolle Schauspiel Besuchern allerdings verwehrt. Eine damals zusätzlich angebaute Sakristei verdeckt das Sonnenloch von außen. Ein stellvertretender Geistlicher hatte wenige Jahre später das Dach des Anbaus zumindest vorübergehend zur Beobachtung der Lichterscheinung wieder flacher setzen lassen.

Dabei gibt die Kirche noch viel mehr Rätsel auf. Am augenscheinlichsten ist die Westfassade, deren mysteriöse Steinreliefs aus Kreuz, Tierköpfen und einer nackten menschlichen Figur Wissenschaftler wie Laien im Lauf der Jahrhunderte immer wieder zu Interpretationen oder abenteuerlichen Spekulationen herausgefordert haben. Heidnisch, christlich? Bel oder Jesus? Uralte Legenden bringen selbstredend alles unter einen Hut. Jüngste Forschungen dagegen ziehen den Schluss, dass die ikonografischen Attribute gemeinsam mit dem Sonnenloch die Auferstehung, das Osterfest symbolisieren. Was bleibt, ist die große Frage, warum gerade hier eine für damalige Verhältnisse viel zu große Kirche einen Platz fand, die von astronomischem Wissen, tief greifender Symbolik und brillanter Architektur geprägt war.

Adresse Max-Dunker-Weg, 72116 Mössingen-Belsen | **ÖPNV** Regionalbahn bis Bahnhof Mössingen; von hier aus Bus 154, Haltestelle Belsen Im Pfarrgarten | **Öffnungszeiten** im Sommer täglich 8–18 Uhr, im Winter geschlossen; Gottesdienst So 10 Uhr | **Tipp** Der heute wieder instand gesetzte Gallbrunnen direkt vor dem Areal der Kapelle gilt als eines der ältesten Bodendenkmale Belsens. Lange in Vergessenheit geraten, wurde er vermutlich als einzige Wasserquelle während des 11. Jahrhunderts zeitgleich mit der Vorgängerkapelle in Belsen erbaut.

6__Das Obstsortenmuseum

Auch krumme Bäume tragen Früchte

Wenn Apfelwickler, auch Obstmaden genannt, Feinschmecker wären, dann hätte für sie das Belsener Obstsortenmuseum am »Alten Morgen« einiges zu bieten. In einen Obstlehrpfad integriert, werden auf über einem Hektar Land seit 1984 vom Belsener Obst- und Gartenbauverein seltene Obstbäume gehegt und gepflegt. Hier gedeihen Zwetschgen, Kirschen und Ebereschen genauso wie Mispeln, Birnen und Quitten. Selbst Haselnüsse als Schalenobst sind vertreten. Und die Äpfel mit zahlreichen fast vergessenen Sorten und phantasievollen Namen könnte man auf anderen Streuobstwiesen lange suchen.

Dabei sind Äpfel gar keine heimischen Früchte. Ihr Ursprung liegt in Vorder- und Zentralasien, und so heißt Almaty als größte Stadt in Kasachstan nicht umsonst »Stadt des Apfels«, wörtlich übersetzt »Vater des Apfels«. Auf alten Handelswegen haben die gesunden Leckerbissen schon vor ewigen Zeiten zwischen Sündenfall und Weltherrschaft changierend den Weg nach Europa gefunden. Findige Bauern versuchten sich im Veredeln der ursprünglich holzigen und sauren Sorten und verhalfen Äpfeln zu ihrer fruchtig-verführerischen Süße – im antiken Griechenland wurden die Früchte gar als Aphrodisiakum geschätzt.

Heutzutage werden von deutschlandweit an die 2.000 Sorten lediglich etwa 25 für den Handel angebaut. Mit Boskop, Cox Orange, Elstar, Gloster, Golden Delicious, Granny Smith und Jonagold finden davon nur sieben regelmäßig den Weg an die Obsttheken der Supermärkte. Mit der Vielfalt ging es aus ökonomischen Gründen bergab, und EU-Richtlinien taten das Ihrige.

Im Obstsortenmuseum Belsen spielt Makellosigkeit keine Rolle. Hier geht es um den Erhalt alter Sorten wie etwa des vom Aussterben bedrohten, seit 1823 im Ländle bekannten Apfels »Eisbrucker« und vieler anderer mehr. Als wertvoller Genpool mit Resistenzen gegen Krankheiten und Frost spielen sie auch bei Neuzüchtungen eine bedeutende Rolle.

Adresse Alter Morgen, 72116 Mössingen-Belsen | **ÖPNV** Regionalbahn bis Bahnhof Mössingen; von hier aus Bus 154, Haltestelle Belsen Barbelsenstraße; geradeaus entlang der Steiggasse, in den Streuobstwiesen bei der Weggabelung links halten und am Schafhaus vorbei, insgesamt etwa 800 Meter | **Tipp** Zwischen dem Weg entlang dem Obstsorten-museum und der östlich nach Beuren gelegenen Straße liegt die größte spätkeltische Viereckschanze der Region.

7__Das Museum Anthon

Eine Wiese als Quelle der Inspiration

Ein bisschen Tübingen findet sich auch in Breitenholz: klein, quadratisch und schön. Der Künstler Hans Anthon Wagner verschrieb sich, als wären ihm Bleistift und Farben in die Wiege gelegt, für lange Zeit Ortsansichten en miniature. Unter weit mehr als tausend »Kunstwerkchen« – gerade einmal zehn mal zehn Zentimeter groß, teilweise in Techniken wie Lithografie und Holzschnitt ausgeführt, teilweise koloriert – sind auch Tübinger Motive zu finden. Gleich nebenan hängen im »Museumle« weitere Miniaturen akkurat aneinandergereiht an der Wand. Und noch mehr gibt es zu bestaunen: großflächige Grafiken, kunterbunte Vogelhäuschen und Bücher aus Wagners Feder mit Geschichten und Gedichten. Die Räumlichkeiten sind nicht die größten, aber um alles genauestens unter die Lupe zu nehmen, braucht es Zeit. Schmunzeln, Lachen, Nachdenken, Bewundern – die Exponate bewirken viel.

Inspiration für Mögliches und Unmögliches findet Wagner in seinem Zuhause, oben am Berg irgendwo am Schönbuchrand, nahe am Wald auf einer Wiese. Der pittoreske Ort beflügelt ihn, lässt kreative Ideen in ihm entstehen und verspricht die Abgeschiedenheit und Ruhe, die er braucht. Da liegt ein Funkeln in Wagners Augen, die Wiese ist, warum auch immer, seit über 40 Jahren genau das Richtige für ihn. Als lebte er in seinen Miniaturen, ist sein eigenes Dach über dem Kopf auch nicht besonders groß: gerade einmal dreieinhalb Quadratmeter Grundfläche, ohne Strom und Wasser. Seinen Schäferkarren aus dem Jahr 1864 entdeckte er zufällig auf einem Hof bei Münsingen. Er malte ihn ab und bekam ihn letzten Endes von dem Schäfer nach dem Versprechen, den ausrangierten Wagen in Ehren zu halten, geschenkt.

Der Wohnort war zunächst absolut geheim, geplant war die Einsiedelei damals, im Herbst 1974, ohnehin nur für ein halbes Jahr. Vermutlich hat Wagner die Erwartungen des Schäfers schon längst übertroffen.

Adresse Museum Anthon, Bild- und Buchkunst, Forsthausstraße 10, 72119 Ammerbuch-Breitenholz | **ÖPNV** Regionalbahn bis Bahnhof Entringen; weiter mit Bus 791, Halte-stelle Breitenholz Lamm; Fußweg fünf Minuten | **Öffnungszeiten** Mo–Fr 10–13 und 15–17 Uhr, Sa 10–12 Uhr und nach Vereinbarung | **Tipp** In der Friesenstraße 27 am Ortseingang von Breitenholz verblüfft eine Baumkrone in Würfelform. Im Sommer unter dichtem Blätterwerk versteckt, ist der knorrige Würfel im Winter besonders gut zu sehen.

8__ Das Kathree-Häusle

Wo man sich ziemlich nahe kam

»Schaffe, schaffe, Häusle baue« war während der ersten Hälfte des 19. Jahrhunderts im Kontext der Frühindustrialisierung für viele kein leichtes Unterfangen. Vor allem in ländlichen Regionen bestritten gut zwei Drittel der Bevölkerung ihr Dasein in ärmlichsten Verhältnissen.

Ihren Höhepunkt erreichte die Verelendung in den 1830er und 1840er Jahren, als Charlotte Oßwald sich ein Häuschen baute. Alleinstehend und besitzlos hatte sie kaum das Nötigste zum Leben. Entsprechend ihrer Lebenssituation fiel der Hausbau denkbar bescheiden aus. »Schau doch, ein großes Puppenhaus, ein Hexenhäuschen«, hört man heute von Passanten. Und in der Tat, in Dettenhausen neben der Dorfkirche steht ein 1839 errichtetes winziges Fachwerkhaus, eines der kleinsten Museen im Ländle. Auf einem als Stall genutzten Unterbau aus Sandstein thront die nur knapp 15 Quadratmeter große Wohnfläche einschließlich Kochgelegenheit und allem, was dazugehört. Küche nebst Lokus sind selbst zum Umfallen zu klein. Nach 1848 nutzte ein Schuhmacher das bescheidene Domizil als Wohnung und Arbeitsplatz gleichermaßen. Allen späteren, meist alleinstehenden Bewohnern gemein waren bittere Armut und ein harter Überlebenskampf. Eine Ausnahme gab es, die angesichts der Enge im Grunde kaum vorstellbar ist: In den Jahren 1888 bis 1890 nannte die siebenköpfige Familie Hirth die Kirchgasse 15 ihr Heim.

In puncto Armut machte auch die letzte Bewohnerin Kathree Oßwald keine Ausnahme. Ihr schmales Einkommen verdiente sie als Gelegenheitsarbeiterin in der Landwirtschaft oder als Haushaltshilfe. Nach ihrem Tod im Jahr 1951 wurde das Häuschen nur noch als Lagerraum genutzt. Gegen spätere Abrisspläne seitens der Gemeinde wehrten sich einige Dettenhausener mit Erfolg, und so sah das in die Jahre gekommene Gemäuer seiner Zukunft als Museum entgegen. 1988 wurde es renoviert und der Nachkriegszeit entsprechend eingerichtet.

Adresse Kirchgasse 15, 72135 Dettenhausen, Tel. 07157/12632 | **ÖPNV** Bus 828, Halte-stelle Alte Post Dettenhausen | **Öffnungszeiten** April–Mitte Dez. So 14–18 Uhr; der Schlüssel ist im wenige Meter entfernten Schönbuchmuseum zu bekommen | **Tipp** Im Schönbuchmuseum lässt sich in den Abteilungen Stein, Wald und Jagd Interessantes über den Naturpark Schönbuch erfahren (www.dettenhausen.de).

9__Der Doschka-Garten

Wo sich Kunst und Natur die Hände reichen

Durch ambitionierte Formensprache als einer der schönsten Privatgärten Deutschlands apostrophiert, schmiegt sich an den Höhenzug Rammert, einen Südwestausläufer des Keuperberglands, ein »Kunstobjekt« besonderer Art. Die Rede ist von dem 2006 mit dem Europäischen Gartenkultur-Schöpfungspreis ausgezeichneten Garten von Roland Doschka.

Schon nach wenigen Schritten in Richtung der am Hang gelegenen Villa sieht sich jeder vom Zauber vollendeter Ästhetik umhüllt, versetzt in eine selbstvergessene Welt der Poesie, Eden gleich. Auf Ebenen gegliederte, durch verschlungene Wege und Natursteintreppen miteinander verbundene Gartenräume erweisen sich bis ins kleinste Detail als genial konzipiert, denn egal, wohin der Blick sich wendet, jede Perspektive bildet ein in sich harmonisches »Naturgemälde« ab. Von klaren Strukturen dominierte Gartenarchitektur wechselt zu Bildern, die vom Flair verspielter Romantik getragen sind. Gewollt und doch immer wieder überraschend akzentuieren Sitzelemente, Statuen und Säulen ebenso wie Mauerwerk und Brunnen die Szenerie. Facettenreiche, durch Lufthauch und Lichtreflexionen belebte Blumenrabatten zeigen sich während des Sommers von ihrer schönsten Seite. So imposant und kostbar die Blütenpracht, so vielseitig und ausgewogen sind Baumarten und Sträucher. Neben heimischer Flora gedeihen im milden Klima auch einige Exoten.

Schon seit frühester Jugend von der Natur als Welt der Farben, Formen und Lehrmeisterin jeder Art der Kunst gebannt, verwandelte Doschka das heute rund vier Hektar große Areal mit kompetentem Weitblick nach und nach vom Gartentraum zum Traumgarten. Geprägt von provenzalischem Kolorit, mediterraner Atmosphäre und dem Flair englischer und französischer Gärten schmeichelt die Anlage zu jeder Jahreszeit der Seele. Den sommerlichen Rausch von Blütenpracht, Duft und Farbe verwandelt Väterchen Frost in ein weißes Wintermärchen.

Adresse Am Bauschbergle 36, 72108 Dettingen | **ÖPNV** Regionalbahn bis Bahnhof Rottenburg; Bus 7623 Richtung Hirrlingen, Haltestelle Dettingen Wartehalle; weiterer Fußweg 15 Minuten | **Öffnungszeiten** Gelegentlich finden Führungen durch die private Gartenanlage statt (www.dettingen-online.de). | **Tipp** Warum nicht im Landgasthof Löwen einkehren? Mitten im Ortskern gelegen, lockt die Speisekarte mit schwäbischer und internationaler Küche (www.landgasthof-loewen.org).

10__Die Steinzeit-Werkstatt

Hier hätten Fred Feuerstein & Co. wahre Freude

Nur wenige Kilometer von Tübingen entfernt gibt es im beschaulichen Dußlingen Geschichte zum Anfassen. Um die 888 erstmals urkundlich erwähnte Gemeinde Tuzzilinga geht es dieses Mal aber nicht, denn hier in der Lindengasse lässt es sich zumindest in der Werkstatt von Marek Thomanek noch viele Jahrtausende weiter zurückreisen.

Als Ur- und Frühgeschichtler schaute er unseren Urahnen aus der Steinzeit ganz genau über die Schulter. Handwerklich und künstlerisch begabt, brachte er Wissen, Können und Leidenschaft auf dem Gebiet der experimentellen Archäologie unter einen Hut. Letzterer muss ziemlich groß sein, denn hier finden Museumspädagogik und die Leitung themenspezifischer Workshops genauso Platz wie die Herstellung von archaischen Werkzeugen, Waffen, Schmuck und vielem mehr.

Ausgangsstoffe sind Steine, allen voran Feuersteine, aber auch Knochen, Sehnen, Hörner und Geweihe als organisches Material. Dazu gesellt sich fossiles Mammutelfenbein aus Sibirien. Thomanek bei der Arbeit zuzusehen ist beeindruckend. Wenn in seiner Werkstatt aus Steinbrocken messerscharfe Klingen oder Pfeil- und Speerspitzen entstehen, wird man Hammer und Meißel vergeblich suchen. Kein Schraubstock, keine Feilen. Zur Bearbeitung der Steine und »steinzeitlichen« Formgebung mit raffiniert geübter Schlagtechnik dienen ausschließlich Flusskiesel und Hornschlägel. Ab und an finden dabei auch kleine Versteinerungen als Boten der Urzeit zurück ans Licht. Ein paar Hilfsmittel der Moderne braucht das Scrimshaw dagegen schon. Als Miniatur-Gravurtechnik auf Knochen oder anderem tierischen Material ist für die filigranen Motive eine Lupe unabdingbar. Andere Tricks hingegen sind ziemlich rustikal. Rentierknochen etwa vergräbt Marek Thomanek in seinem Garten, bis der Zahn der Zeit das verderbliche Gewebe zersetzt und nur die verkalkte Grundsubstanz als Arbeitsmaterial übrig bleibt.

Adresse Steinzeitwerkstatt Thomanek, Lindengasse 1, 72144 Dußlingen, Tel. 07072/8970113, www.steinzeitwerkstatt.com | **ÖPNV** Regionalbahn bis Bahnhof Dußlingen, von hier gut 10 Minuten zu Fuß | **Tipp** Die 1620 erstmals erwähnte Ölmühle in Dußlingen wird seit 2011 als einer der ältesten Gewerbebetriebe mit historischer Mühlenanlage als Familienunternehmen geführt. Die Spezialität des Hauses ist Speise-Leinöl nach schlesischer Art (www.oelmuehle-dusslingen.de).

11 Schloss Einsiedel

Geballte Geschichte auf 340 Hektar Schönbuch

Das Zitat des 1947 mit dem Literaturnobelpreis ausgezeichneten Schriftstellers André Gide »Das Geheimnis des Glücks liegt nicht im Besitz, sondern im Geben« könnte einen im Fall des idyllischen Ortes Einsiedel ins Grübeln bringen. War es hier nicht gerade andersherum?

Auf einer fruchtbaren Hochebene des Naturparks Schönbuch liegt von Feldern umrahmt die Domäne Einsiedel, die, 1280 erstmals urkundlich erwähnt, vermutlich schon während der Jungsteinzeit besiedelt war. Der Fund eines römischen Münzschatzes könnte Hinweis auf eine frühere Villa rustica sein. Auch Graf Eberhard im Bart, Begründer der Universität Tübingen, entdeckte das Fleckchen Erde für sich. 1482 ließ er sich ein Jagdschlösschen bauen. Zehn Jahre später verfolgte er ganz nach seinem Motto »Attempto« mit dem Bau des Stifts St. Peter eine revolutionäre Idee, denn hier suchte er Bürger, Adel und Geistliche unter einem Dach zu einen. Zwischen 1460 und 1810 beherbergte Einsiedel zudem ein Gestüt, und von 1926 bis 2012 baute Südzucker als Pächter Zuckerrüben an.

Von dem Schlösschen ist der heute als katholisches Jugendhaus und Wandergaststätte genutzte, 1619 angebaute Westflügel noch erhalten. Im Garten findet sich ein Abkömmling des Weißdorns, den Graf Eberhard einst von seiner Pilgerreise ins Heilige Land mitgebracht hatte und hier einpflanzen ließ. Dass sich im Gegensatz dazu vom Stift keine Überreste mehr finden, hat einen simplen Grund: Nach der Reformation wurde das durch einen Brand beschädigte Stift aufgegeben und das Material zum Ausbau des Schlosses Hohentübingen genutzt.

2011 klopfte plötzlich Daimler an die Tür, denn das Haus Württemberg bot die Liegenschaft zum Verkauf. Ein Technologiezentrum nebst Teststrecke sollte es werden. Undenkbar im naturgeschützten Schönbuch-Idyll! Und so wurden die Pläne wieder verworfen. Auf dieses Glück des Gebens verzichtete man im Ländle recht gern.

Adresse Jugendhaus Schloss Einsiedel, 72138 Einsiedel-Kirchentellinsfurt | **Anfahrt** B 27, Ausfahrt Kirchentellinsfurt, linker Hand bergaufwärts der Beschilderung »Einsiedel« bis zum Hofgut folgen | **Tipp** In Schloss Einsiedel wird zwischen 1. Mai und 31. Oktober an Sonn- und Feiertagen von 10.30 bis 18 Uhr eine Wandergaststätte betrieben.

12 Die Schlüsselsteine

Schlüsselerlebnisse im Mönchsorden

In der Peripherie um Einsiedel stolpert man nicht gerade darüber. Mehr oder minder verwittert und bemoost, teilweise ein wenig windschief, trotzen Schlüsselsteine abseits ausgetretener Pfade lange schon der Zeit. Sie gelten als älteste Grenzsteine der Region.

Und hier kommt Graf Eberhard im Bart ins Spiel. Vermutlich ein wenig von seiner Mutter Mechthild von der Pfalz dazu angetrieben, gründete er 1477 die Universität Tübingen. Gründen tat er ohnehin ganz gerne, und so holte er auch die »Brüder vom gemeinsamen Leben« ins Land, die sich als Orden ohne Mönchsgelübde ganz der »Devotio moderna«, einer religiösen Bewegung innerhalb der spätmittelalterlichen Kirche, verschrieben hatten. Dass Eberhard gleichzeitig wahrscheinlich aus wirtschaftlichen Gründen eine antijüdische Politik verfolgte, steht auf einem anderen Blatt. Für die Ordensbrüder nun gründete er im Ländle eine klosterähnliche Bleibe nach der anderen, zu denen neben Urach, Dettingen an der Erms und Herrenberg auch das ehemalige Stift St. Peter in Einsiedel gehörte. St. Peter ist gänzlich verschwunden, was blieb, sind die Schlüsselsteine als ehemalige Grenzmarkierung des Stiftareals.

Der Symbolgehalt der Steine mit dem Relief zweier gekreuzter Schlüssel geht auf den Namenspatron des Stifts und Eberhards persönlichen Favoriten unter den Heiligen zurück: Simon Petrus. Auf Abbildungen als alter Mann mit lockigem Haar und langem Bart festgehalten, wird der Heilige oft mit versinnbildlichenden Ergänzungen wie etwa einem Schlüssel als einem seiner bedeutendsten Attribute dargestellt. Zwei gekreuzte Schlüssel, die Schlüssel des Petrus, stehen für Binden und Lösen auf Erden wie im Himmel. Natürlich zeigten auch die Kutten der Brüder dieses Symbol. Selbst das Wappen des Vatikans und des Papstes tragen das Schlüsselemblem. Hier aber steht es für die Bedeutung des Papstes als Stellvertreter Jesu Christi auf Erden.

Adresse Süßer Wasen zwischen Ochsenklinge und Weg, Koordinaten 48.56192, 9.14525 |
Anfahrt B 27 bis Kirchentellinsfurt, linker Hand bergaufwärts der Beschilderung »Einsiedel«
bis zum Hofgut folgen | **Tipp** Ab Einsiedel führt ein 4,5 Kilometer langer geschichtlicher Lehr-
pfad an zwölf interessanten Stationen der Kulturlandschaft vorbei.

13__Das Gomaringer Schloss
Hier war nicht jeder Gast willkommen

Mit stauferzeitlichem Ursprung sind im Gomaringer Schloss von Anfang an viele ein und aus gegangen, die meisten davon blaublütig oder zumindest von Rang und Namen. Auf einen von ihnen hätten die Gomaringer aber gerne verzichtet. Als langer Arm fürstlicher Obrigkeit war Vogt Christoph Tobias Kaspar schon zu Lebzeiten ein Schreckgespenst, das die Bevölkerung an der Wende zum 18. Jahrhundert rücksichtslos auspresste, wo es nur ging. Und selbst als kein Tropfen Blut mehr durch seine Adern floss, blieb das Schreckgespenst.

Kaspar war für seine gottlosen Taten zum »Geistweisgehen« verdammt: eine harte Strafe, die ihm aber Gelegenheit bot, weiterhin für Angst und Schrecken zu sorgen. Zwischen Diesseits und Jenseits gefangen, spukte er in seinem ehemaligen, draußen vor dem Dorf gelegenen Viehhaus mit Poltern und Lärmen, wie es ihm beliebte. Wohnen wollte dort keiner mehr, denn viel zu oft wurde Kaspar hier mit seiner weißen Zipfelmütze, herrschaftlichen Schnallenschuhen und stets einer Pfeife im Mund gesehen. Nur ein Schreiner, der schließlich das Haus umsonst bewohnen durfte, arrangierte sich mit Kaspars Geist und stetem Schabernack.

Und wer nun meinte, mit dem späteren Abbruch des Hauses hätte sich die Sache erledigt, wurde schwer enttäuscht. Kaspar reiste mit dem Abbruchholz direkt ins Dorf und trieb hier gerne auch im Schloss weiter sein Unwesen. Manche glaubten, eine erneute Beerdigung des Leichnams könne die Sache beenden. Gesagt, getan. Aber wirklich sicher ist sich bis heute keiner.

Kaspar kaspert als Fastnachtsfigur der Gomaringer Narrenzunft ohnehin immer weiter. Vielleicht hat einst auch Dichter und Theologe Gustav Schwab Unerklärliches im Schlossgemäuer vernommen, das damals als nicht unbescheidene Pfarrei genutzt wurde. Schwab übersetzte und bearbeitete hier zwischen 1838 und 1840 sein viel beachtetes Jugendbuch »Sagen des klassischen Altertums«.

Adresse Gomaringer Schloss, Schlosshof 1, 72810 Gomaringen | **ÖPNV** Regionalbus 7612, Haltestelle Zentraler Busbahnhof Gomaringen; Fußweg 8 Minuten | **Öffnungszeiten** So 13–17 Uhr, Gruppen auch nach Vereinbarung | **Tipp** Abwechslungsreiches Radfahren verspricht der als Verein organisierte Bikepark. Mit unterschiedlichen Hürden und Schikanen finden Mountainbiker neben hervorragenden Trainingsmöglichkeiten auch jede Menge Spaß (www.bikepark-gomaringen.de).

14_ Die Mammutbäume am Schweinhag

Rechenfehler mit »großen« Folgen

»Ach, schau mal«, staunen die einen, »nicht schlecht« vielleicht die anderen. Daneben reihen sich jene, die hier gar Magisches erspüren, und auch solche, die die drei Mammutbäume am Schweinhag trotz ihrer stattlichen Größe übersehen.

Dass sich die im Nordwesten Amerikas heimischen Baumriesen aber gerade hier als »Reingeschmeckte« unter die »schwäbische Flora« mischen, geht auf eine Verkettung von Umständen globaler Dimension zurück. Auftakt war der Ausbruch des Vulkans Tambora auf der indonesischen Insel Sumbawa im Jahr 1815. Wie ein Schleier verteilte sich die Asche rund um den Erdball und bescherte auch Süddeutschland ein Jahr ohne Sommer. Missernten, Preisverfall, Not und Elend folgten. Um dem entgegenzuwirken, beschloss der württembergische König Wilhelm I. unter anderem, alle Parzellen auf der Stuttgarter Anhöhe Kahlenstein einschließlich des Areals der heutigen Wilhelma aufzukaufen: für damalige Besitzer ein schneller Segen, für nachfolgende Generationen Oase und Augenweide zugleich, denn Wilhelm wollte sich genau auf diesem Fleckchen Erde ein ansehnliches Privatrefugium schaffen. Zu einem zunächst angelegten englischen Park kamen nach und nach Gebäude, Gewächshäuser, Wintergarten und anderes hinzu.

Exotische Pflanzen waren in dieser Zeit en vogue, und so bestellte Wilhelm Mammutbaumsamen aus Übersee. Irgendjemand in der Neuen Welt hatte sich bei der Erfüllung des königlichen Auftrags ordentlich verzählt: Nach der Aussaat in einem Gewächshaus keimten fast 8.000 Pflänzchen. Das war des Guten zu viel. Wilhelm bestimmte, gemäß dem Erlass vom 7. April 1866, die Hälfte seines »Schatzes« an Waldhüter in Württemberg zu verteilen. Auch um Tübingen sprossen in der Folge unzählige »Sequoioideae«. Der Frostwinter 1879/1880 forderte allerdings einen hohen Tribut. Nur einige der Bäume wie die drei am Schweinhag haben bis heute aller Unbill getrotzt.

Adresse südlich der Straße von Hagelloch nach Hohenentringen, Koordinaten 48.549087, 9.003003 | **ÖPNV** Bus 8, 18, Haltestelle Dornäckerweg; von hier entlang der Entringer Straße Richtung Hohenentringen etwa 1 Kilometer zu Fuß; hinter dem Wald stehen die Bäume rund 250 Meter südwestlich der Straße an einem Feldweg | **Tipp** Wer den Weg etwa 100 Meter weitergeht und nach rechts abbiegt, erreicht nach 400 Metern einen lauschigen Grillplatz mitten im Wald.

15__Das Schloss Hohenentringen

Ein stetes Kommen und Gehen

Wenn zu Beginn des 15. Jahrhunderts die Ritter von Hohenentringen mit ihren Familien zur Kirche ins Dorf hinuntergingen, waren die Ersten schon dort, wenn die Letzten gerade einmal die Burgtür hinter sich schlossen. Wie lang die Menschenschlange tatsächlich war, ob die Überlieferung übertreibt – wer weiß? Langeweile dürfte aber in der damaligen »Mega-Wohngemeinschaft« so oder so ein Fremdwort gewesen sein. Urkundlich verbürgt ist, dass Hohenentringen, damals als Ganerburg genutzt, drei Familien derer von Hailfingen mit sage und schreibe 60 Kindern, die Familie des Hugo von Gültlingen mit 21 Kindern sowie die Familie des Rudolf von Ehingen mit 19 Kindern gleichzeitig beherbergte. So tummelten sich damals 100 Kinder auf der Burg, mit Eltern und Bediensteten eine in der Tat stattliche Anzahl. Ein 1913 von Gunhild von Ow geschaffenes Gemälde im Gastraum auf Hohenentringen zeigt den Kirchgang, wie er sich um 1417 immer wieder sonntags abgespielt haben könnte. Auch die dortige Wappengalerie der 20 ehemaligen Burgherren lässt an der steten Belebtheit der Anlage keinen Zweifel.

Die pittoresk auf einem bewaldeten Sporn mit drei steil abfallenden Hängen im Südwesten des Schönbuchs erbaute Feste wurde in früheren Zeiten durch einen Burggraben nebst einer heute nicht mehr vorhandenen Zugbrücke geschützt. Der Ursprung der Ende des 13. Jahrhunderts erstmals urkundlich erwähnten Burg wird auf das 11. Jahrhundert datiert. Adalbert von Entringen soll um 1075 der erste Besitzer gewesen sein. Von da an gaben sich viele Adelsgeschlechter »Türklinke« wie Eigentumsrechte in die Hand. Im frühen 18. Jahrhundert erlebte die Burg ihre Verwandlung zum Schlösschen. Und ja, einen Geheimgang zwischen Schloss und nahe gelegenem Brunnen gibt es auch. Heute wird Hohenentringen als Restaurant mit Biergarten geführt, und so regiert hier wie ehedem das Leben.

Adresse Schloss Hohenentringen, 72072 Tübingen-Hagelloch, www.hohenentringen.de | **ÖPNV** Regionalbahn Richtung Herrenberg bis Bahnhof Entringen; von hier rund 35 Minuten Fußweg | **Anfahrt** mit dem Pkw über Hagelloch bis zum Parkplatz direkt vor Hohenentringen | **Öffnungszeiten** Mi – Sa 11 – 22 Uhr, So und Feiertag 10 – 19 Uhr | **Tipp** Von Hohenentringen aus ist ein Spaziergang oder eine Wanderung durch den Naturpark Schönbuch eine wunderbare Sache. Warum nicht bis zum Wildgehege mit Rotwild und Mufflons gehen?

16 Der Hirschauer Hirsch

Rost nach Plan

In Hirschau, das erstmals 1204 als »Hirzouue« in einem Schriftstück der Zisterzienser im Kloster Bebenhausen erwähnt wurde, gab es im Jahr 2004 Grund zur Freude: Die 800-Jahr-Feier stand ins Haus.

Dass Hirschau im Wappen einen Hirsch trägt, versteht sich fast von selbst. Da springt ein goldener Hirsch mit Weintrauben im Geäse über einen grünen Dreiberg mit goldenem Reichsapfel in der Mitte.

Seit jenem Jubiläum ziert auch eine Hirschskulptur den Hirschauer Berg hoch oben über dem Dorf, die vom einstigen Ortsvorsteher Hermann Endreß beim Pfäffinger Bildhauer Wilfried Rexze in Auftrag gegeben wurde. Im Ländle kein Unbekannter, fertigt Rexze »Kunst in Stahl«. Aus wiederverwertetem Schrott schafft er Skulpturen, wobei das Tierreich sein Thema geworden ist. Vom Grashüpfer bis hin zum Mammut, kaum ein Geschöpf, mit dem er sich noch nicht beschäftigt hätte. Da zieren fünf Gänse den Dorfbrunnen in seinem Heimatort genauso wie die Bremer Stadtmusikanten den Joggingpfad in Hechingen, und ein paar Enten sind Dauergäste im Zentrum von Ammerbuch.

Den Auftrag »Hirsch« nahm Rexze mit sorgfältiger Planung in Angriff. Er studierte die Anatomie von Hirschen, zog Fachliteratur zurate, entschied sich schließlich für das Vorbild eines Karpatenhirsches und fertigte Skizzen an. Als Rohmaterial nutzte er einen alten Öltank. Fünf Quadratmeter Stahlblech zersägte er in passende Stücke, dann kam der Schweißbrenner zum Einsatz, und der »König des Waldes« erhielt zusehends seine Form: Trotz eines stolzen Gewichts von vier Zentnern wirkt er grazil und majestätisch. Lange stand er nicht an seinem erhabenen Platz auf dem Spitzberg mit herrlichster Aussicht, als sich Rost an dem Blech zu schaffen machte. Also verlief alles wie gewollt, denn Rexze hatte den Rost als natürliche Farbe des Rotwilds für den stattlichen Vierzehnender eingeplant. Bei Sonne leuchtet er bis ins Tal hinunter.

Adresse auf dem Hirschauer Berg, 72070 Tübingen-Hirschau | **ÖPNV** Bus 18, Haltestelle Hirschau Volksbank; von hier geradeaus weiter und in die zweite Straße rechts Im Reutle abbiegen, am Ende der Straße links in den Weg In der Weng gehen und am ersten Abzweig wieder nach rechts, von hier die erste Möglichkeit links bis zum rechts steil ansteigenden Pfad Blumbergsteige; Gehzeit insgesamt 30 Minuten | **Tipp** Das seit 1980 unter Naturschutz stehende Gebiet mit außergewöhnlich reicher Flora und Fauna war als »Wärminsel« im Mittelalter ein bedeutendes Weinbaugebiet. Der »Vater der Botanik« Leonhart Fuchs erforschte während des 16. Jahrhunderts als Erster die Pflanzenwelt am Hirschauer Berg.

17 Die Keltengräber

Das Leben der Ahnen erahnen

Im Vergleich zu anderen Kulturen des Altertums bekommen die Kelten in der Disziplin Schreiben eine glatte Sechs. Schriftliche Quellen sind mehr als spärlich, denn man traute nur dem gesprochenen Wort. Es gab keine keltischen Chronisten, und Druiden war es untersagt, ihr Wissen schriftlich festzuhalten. Für alltägliche Belange indes wurden Ausnahmen gemacht. Doch trotz Aufhebung des Verbots schrieb man leider auf vergänglichem Material.

So dienen der Archäologie nur Ausgrabungsgegenstände oder Überlieferungen aus zweiter Hand als Grundlage. Da ging es den Altertumsforschern im Tübinger Raum nicht anders. Einen Vorteil gab und gibt es aber im Ländle, denn hier hinterließen keltische Stämme der Hallstatt- und La-Tène-Zeit beeindruckende Spuren, insbesondere in Form von Grabanlagen.

Auch im Ortsteil Kilchberg waren Ende der 1960er Jahre während Bauerschließungen in der Flur »Auchert« Fachkräfte des Staatlichen Amtes für Denkmalpflege in Tübingen gefragt. Zwar hatte sich das Bodenprofil im Laufe der Jahrhunderte durch Schwemmmasse verändert und erhöht, trotzdem waren noch Fragmente einer Brandbestattung der älteren Hallstattzeit sowie einer Körperbestattung um 550 vorchristlicher Zeit auszumachen. Dass das jüngere Grab ausgerechnet über der älteren Grabstelle angelegt wurde und dadurch vieles zerstörte, erwies sich als weniger erfreulich. Bruchstücke von Grabbeigaben und Stelen sowie die Knochen eines Hausschweins kamen dennoch ans Tageslicht. Heute ist das Keltengrab in seiner vermutlich ursprünglichen Form rekonstruiert, wobei ein es umgebender Steinkreis auf Beziehungen zum etruskischen Raum hindeutet.

In Kilchberg klingt der Straßenname »Am Keltengrab« recht passend. Auf Tübingens Waldhäuser Höhe dagegen, wo auch eine keltische Begräbnisstätte mit etwa 45 Gräbern entdeckt wurde, lief es mit der Straßenbezeichnung »Bei den Römergräbern« weniger gut.

Adresse Am Keltengrab, 72072 Tübingen-Kilchberg | **ÖPNV** Bus 7622/19, Haltestelle Kilchberg Keltengrab | **Öffnungszeiten** durchgehend | **Tipp** Eine über 200 Jahre alte, ausladend mächtige Stieleiche »überdacht« auf dem Kilchberger Friedhof eine kleine Ansammlung von Gräbern der Freifrauen und Freiherren von Tessin. Das Schloss ist seit 1779 in den Händen der Familie.

18 Die Kilchberger Kirchturmspitze

»Wundertüte« mit Tradition

Die Martinskirche aus dem 12. Jahrhundert beherbergt einige Kulturschätze aus längst vergangenen Tagen. Dazu zählen neben einer Predella aus dem Jahr 1478 und einem frühgotischen Kruzifix auch Grabdenkmäler der Herren von Ehingen sowie eine 1756 erbaute Orgel.

Dass die Kirche aber noch weitere »Kleinode« ihr Eigen nennt, kam erst 2014 wieder ans Licht. Letzten Endes war für deren Entdeckung der heftige Hagelschauer am 28. Juli 2013 verantwortlich, der auch die Kirchturmspitze mit ihrem seit Jahrhunderten keck über Dorf und Umland blickenden Wetterhahn ziemlich ramponierte. Die Instandsetzung war kein leichtes Unterfangen, denn um den Wetterhahn zu erreichen, musste erst ein Gerüst um den Kirchturm gebaut werden.

Im Oktober 2014 war es so weit. Der geschundene Hahn wurde mitsamt Drehmechanismus und Kugel abgenommen und zur Reparatur in die Stuttgarter Robert-Mayer-Schule für Installations- und Metallbautechnik gebracht. Die Kugel, so war man sich einig, musste ersetzt werden. Trotzdem und glücklicherweise öffnete man die alte Kugel, die begleitet von erstaunten Gesichtern ihre jahrelang gehegten Schätze preisgab. In einem angelöteten wasserdichten Zylinder schlummerten alte, teilweise beschädigte Münzen sowie Schriftrollen aus den Jahren 1753, 1831, 1885 und 1967. Mehr oder minder lesbar zeigen die »Zettel« Daten, Fakten und Namen aus der Vergangenheit. Neben gottesfürchtigen Fürbitten ist einiges über die Ernte, über Einwohner, ehrbare Sponsoren für die damals jeweils notwendig gewordenen Reparaturen und ausführende Arbeiter zu erfahren. Am umfangreichsten ist der jüngste Text mit vielen Informationen zum Zeitgeschehen.

Während eines Gottesdienstes am 16. November 2014 wurde die Kugel wieder befüllt. Ganz der Sitte entsprechend legten Kilchberger einiges für die Nachwelt dazu: einen Friedensengel, einen Taubenanhänger, Münzen, Bilder und ein Vaterunser.

Adresse Tessinstraße, 72072 Tübingen-Kilchberg | **ÖPNV** Bus 7622/19, Haltestelle Rathaus Kilchberg | **Öffnungszeiten** Gottesdienste: So 10 und 19 Uhr | **Tipp** Blickfang gegenüber der Kirche ist das imposante Schlossareal mit mehreren Gebäuden, unter denen die oktogonale Burg aus der Stauferzeit noch in den Grundmauern erhalten ist. Da sie in Privatbesitz ist, sind Blicke nur von außen möglich. Die Orangerie dagegen ist für bestimmte Anlässe zu mieten.

19__Pustefix

Bubble Economy, oder was?

In Regenbogenfarben schillernd sind zarte schwebende Seifenblasen als »Spielball« der Chemie faszinierende Gebilde: Beim Dahinfliegen, leicht und leise, begleiten Träume ihre luftige Reise. Nicht nur Kinderaugen leuchten. Auch wenn die Wissenschaft das Rätsel um die schnell vergänglichen Seifenblasen lange schon entzaubert hat, bleiben Begeisterung und Vergnügen ungebrochen. Mit der Erfindung der Seife durch die Sumerer vor rund 5.000 Jahren verknüpft, entwickelten sich Seifenblasen nicht nur zum Spaßprodukt, sondern durch Jahrhunderte auch zu einer Metapher für die Vergänglichkeit alles Irdischen. Die hohlen Kugeln aus einem hauchdünnen Film Seifenlauge, Wasser und Luft zeigen meist nur für wenige Augenblicke ihre glanzvolle Pracht: magisch anziehend und doch inhaltslos.

Dass Seifenblasen zu einem einfachen Spielzeug wurden, ist dem Chemiker Rolf Hein zu verdanken. 1948 experimentierte er im Tübinger Teilort Kilchberg an der Herstellung eines neuen Waschmittels. In der damals schwierigen Nachkriegszeit wäre es bei Bauern in der Umgebung sicher ein gutes Tauschmittel gegen Lebensmittel gewesen. Bei aller Tüftelei kam unbeabsichtigt eine Flüssigkeit heraus, die neben feinem Schaum auch große Seifenblasen entwickelte. Wie der Zufall es wollte, packte ihn bald eine neue Vision. Ließe sich aus der etwas dickflüssigen Brühe nicht ein Seifenblasenspiel herstellen, »fix« in der Handhabung und günstig?

Das war die Geburtsstunde der Kultmarke Pustefix. Die Aluminiumröhrchen für die Mixtur, bis heute ein Geheimrezept, zierte von Anfang an der gelbe Lieblingsbär von Heins Kindern. Mit einem Blasring aus feinem Federdraht und Korkverschluss waren die ersten kleinen »Seifenblasenmaschinen« vollendet. Verbesserte Verpackungen aus Kunststoff kamen um 1960 auf den Markt. Heute sind sie in über 50 Ländern im Handel, die Hauptfertigungsstätte liegt nach wie vor in Tübingen.

Adresse Bahnhofstraße 29, 72072 Tübingen-Kilchberg, www.pustefix.de | **ÖPNV**
Bus 7622/19, Haltestelle Kilchberg Bahnhof | **Öffnungszeiten** Mo – Do 7 – 12.30 und
13 – 16.30 Uhr, Fr 7 – 12 Uhr | **Tipp** Eine breite Palette biologisch-organisch erzeugter
landwirtschaftlicher Produkte bietet der Kilchberger Hofladen, der sich mittlerweile zu
einem modernen Bio-Frischmarkt gemausert hat (www.hofladen-kilchberg.de).

20__ Das Pfeilergrabmal

Von rätselhaften Löwen und Sphingen

Auch wenn die Richtigkeit der Worte des römischen Gelehrten Seneca »Ungleich werden wir geboren, gleich sterben wir« nicht von der Hand zu weisen ist, römische Grabstätten hoben gesellschaftliche Unterschiede doch wieder hervor. So muss das 1859 von Oberforstrat August von Tscherning bei einem Bauabschnitt der Neckartalstraße entdeckte Pfeilergrabmal die letzte Ruhestätte vermögender Römer gewesen sein. Das einfache Volk konnte sich solch überreichen skulpturalen Pomp zur Respekterweisung gegenüber seinen Totengöttern kaum leisten. Dass die Fragmente des Grabmals unmittelbar an einem der ehemaligen Römerwege lagen, entsprach der gängigen Glaubenswelt. Statt paradiesischer Gefilde versprach das Jenseits nur Öde und Trostlosigkeit, weshalb Verstorbene gerne dort bestattet wurden, wo Alltag und Leben herrschten.

Bei Straßenausbauarbeiten im Jahr 1937 stieß man auf weitere Teile des römischen Grabes, was den Forschergeist des Archäologen Oscar Paret weckte. Systematisch erfasste er den »Schatz«, denn als eines von nur vier in Deutschland aufgefundenen Pfeilergräbern sorgte der Fund für Furore. Fragen zu dem oder den Bestatteten selbst müssen unbeantwortet bleiben. Zwar kamen neben Skulpturen von Löwen, Sphingen und einem Kopf König Attis' auch die Skulptur eines Bürgers und einer Bürgerin zutage, die Grabinschrift indes war zerstört.

Der ursprüngliche Fundort des heute rekonstruierten Grabes lag einige hundert Meter weiter neckarabwärts, an einer Stelle, die während des 19. Jahrhunderts als Steinbruch diente. Das sollte auch Folgen für das prächtige Pfeilergrab haben, denn nachweislich finden sich Fragmente davon als Baumaterial verarbeitet in der Reutlinger Katharinenkirche wieder. Auch Langfinger halfen bei der Verteilung der Grabdekoration fleißig mit. Vielleicht gehörte auch die 1866 aus der Echaz in Wannweil geborgene Skulptur der Victoria dazu.

Adresse Parkplatz am Baggersee, 72138 Kirchentellinsfurt | **ÖPNV** Regionalbahn bis Bahnhof Kirchentellinsfurt, von hier mit Regionalbus 7601, Haltestelle Kirchentellinsfurt Einhornstraße, weiterer Fußweg gut 10 Minuten | **Tipp** Von hier aus lässt es sich auf befestigten Wegen durch das Landschaftsschutzgebiet Neckartal und den Naturpark Schönbuch spazieren gehen oder wandern, vielleicht auch gerade dort, wo einst die Römer waren.

21_Das Scheunenkino Metropol

Im Western nichts Neues

Auch oben auf den Härten gibt es Freunde der flimmernden Leinwand, so viele und so gute, dass sie vor Jahren schon den Verein Filmfreunde Kusterdingen ins Leben riefen. Herzen von Cineasten schlagen eben höher, wenn es um Kino geht, und so wurde das Projekt mit dem weltstädtisch klingenden Namen »Metropol« geboren.

Realisieren ließ sich der Kinotraum zunächst im Kusterdinger Haus Linde, doch bald schon saß der Verein wegen exorbitant erhöhter Miete und Nutzungsbeschränkungen wieder auf der Straße. Vorbei war der Filmgenuss trotzdem nicht, denn vom Geist der Improvisation beflügelt, überstanden die Kinomacher den Winter mit portabler Leinwand und Beamer im Klosterhof. Dann flatterte das Angebot der Gemeinde ins Haus, die Scheune in der Lederstraße zu nutzen. Der 1773 erbaute Verschlag bedurfte angesichts des stattlichen Alters allerdings einer umfassenden Renovierung. Klotzen statt Kleckern war hier angesagt, und das rund 2.000 Arbeitsstunden lang.

Gelohnt hat es sich allemal, denn die mit viel Herzblut wiederhergerichtete Scheune ist, ausgestattet mit moderner Technik, zu einer urig-gemütlichen Location geworden. Ob als Kino oder Kleinkunstbühne genutzt, die in Kinomanier stufenförmig montierten komfortablen Sitzgelegenheiten sind meistens gut besetzt. Brandneu waren die 32 blauen Plüschsessel beim Einbau allerdings nicht. Ihr Vorleben fristeten sie in einem Augsburger Pornokino.

Über das Kinoprogramm wird unter den Vereinsmitgliedern beim Großputz in den Sommerferien entschieden. Ob schwere oder leichte Kost, hieran scheiden sich dann schon einmal die Geister. Doch trotz alledem: An manchen Filmabenden dürfte der Kinosaal ruhig etwas größer sein. Für Furore sorgte 2015 der Aufstieg der Scheune zu einem von weltweit 94 Woodsongs Coffeehouses. Seither erfüllt immer wieder der Sound von Banjo, Mandoline, Bass und Gesang den Raum.

Adresse Lederstraße 5, 72127 Kusterdingen, www.filmfreunde-kusterdingen.de | **ÖPNV** Bus 7611, 7605, Haltestelle Altes Rathaus Kusterdingen | **Öffnungszeiten** Spielzeit Anfang Okt.–Ende April | **Tipp** Die spätgotische Kusterdinger Marienkirche in der Hindenburg-straße zählt zu den kulturell bedeutendsten Dorfkirchen im Landkreis Tübingen. Der Turm, auf Fundamenten römischer Zeit erbaut und vermutlich in früheren Tagen als Wehrturm genutzt, zeigt in Ermangelung entsprechender Flächen zwei dicht in die Ecke gedrängte Uhren.

22 Der Bergrutsch
»Haltlos« in die Tiefe

Tagelanges Schmuddelwetter, endloser Regen, tief hängende Wolken, neblige Landschaft, Grau in Grau: Da machte 1983 auch der 12. April keine Ausnahme. Wer nicht vor die Tür musste, ließ es einfach bleiben. Der damalige Revierförster allerdings drehte wie meist morgens um neun Uhr per Geländewagen seine Inspektionsrunde am 772 Meter hohen Hirschkopf, einem bewaldeten Steilhang am Trauf der Schwäbischen Alb. Keine besonderen Vorkommnisse, mochte er sich denken, wobei ihm auffiel, dass sich die Tiere in dem Gebiet seit Tagen ein wenig rargemacht hatten. Dann aber schrieb sich größtes Staunen in sein Gesicht, denn plötzlich hörte der gewohnte Weg auf, war einfach verschwunden. Er informierte Forstamt und Gemeinde. Irgendetwas war im Gange.

Wenige Stunden später ging es richtig zur Sache. Aufgrund der starken Regenfälle hatte sich der Boden mit so viel Wasser vollgesogen, dass das Gewicht zu groß wurde und die Traufkante über eine Länge von 600 Metern und eine Breite von 30 Metern abbrach, ins Tal donnerte und mit etwa zehn Tonnen Fels, Geröll und Erde den darunterliegenden Wald niederwalzte.

Und – einer war dabei. Der Mössinger Armin Dieter hatte als beliebter Hobbyfotograf zuvor einen Anruf vom Gemeindeamt erhalten: Los ging's, keine Frage. Dass er sich dabei in eine wirklich gefährliche Situation brachte, realisierte er erst deutlich später. Als er am Hirschkopf im Wald ankam, herrschte gespenstisches Dröhnen und Krachen. Der Boden rutschte gen Tal und mit ihm der Fotograf. Doch das Glück war auf seiner Seite, und er überstand den größten Bergrutsch der letzten 100 Jahre ohne Schaden. Die Naturkulisse dagegen hatte sich in eine Mondlandschaft verwandelt, in der sich inzwischen wieder Leben angesiedelt hat. Heute ist das Areal als nationales Geotop ausgezeichnet, in dem der Diplomverwaltungswirt Dieter seit dem Bergrutsch spannende Führungen anbietet.

Adresse Mössinger Bergrutsch am Hirschkopf, 72116 Mössingen | **Anfahrt** B 27 Richtung Hechingen, kurz nach Ofterdingen links nach Mössingen abbiegen, die Gemeinde auf dem Nordring umfahren, ab dem ersten Kreisverkehr auf der L 385 weiter bis Talheim, rechts auf die Andeckallee abbiegen und etwa 2 Kilometer bis zum Wanderparkplatz Bergrutsch weiterfahren, ab hier den Waldweg bis zum Bergrutsch nehmen, Entfernung etwa 500 Meter | **Tipp** In dem Gebiet verläuft der gut 13 Kilometer lange Premiumweg Dreifürstensteig als einer der landschaftlich schönsten Rundwanderwege Deutschlands am Albtrauf entlang, herrliche Aussichtspunkte und der Mössinger Bergrutsch inklusive (Anfahrtshinweise unter www.moessingen.de).

23__Das NABU-Vogelschutzzentrum

Hier piept's wohl

Gleich zweimal ließen 2015 gefiederte Raritäten die Herzen von Ornithologen höherschlagen. Beide Male war auch das idyllisch inmitten von Streuobstwiesen in Talheim am Rand der Schwäbischen Alb gelegene Vogelschutzzentrum gefragt.

Seit der Gründung im Jahr 1994 hat sich das Team des Zentrums unter dem Motto »Hände helfen Flügeln« großen Aufgaben verschrieben. Zum einen geht es um Vogelpflege, denn pro Jahr versuchen die Mitarbeiter, rund 1.000 eingelieferte verletzte Vögel wieder aufzupäppeln. Nicht immer gelingt es, aber etwa ein Drittel der Patienten kann nach seiner Genesung wieder in die freie Natur entlassen werden. Zum anderen ist das Thema Umweltbildung von Bedeutung. Kinder können in der Talheimer »Vogelschule« Wissenswertes über ökologische Themen erfahren, für Erwachsene gibt es Seminarangebote an der Umweltakademie Baden-Württemberg in Stuttgart. Der dritte Arbeitsbereich umfasst ornithologische Projekte und Forschungsprogramme. Ein Teil des Areals ist mit Schauvolieren auf Besucher eingestellt.

Als im Juli 2015 ein stark geschwächter Vogel in die Ellwanger Wildvogel-Pflegestation kam, waren auch Talheimer Experten mit im Boot. Denn schnell war klar, dass es sich um einen Hochseevogel handelte, der normalerweise Tausende von Kilometern entfernt im Atlantik oder Pazifik seinen Lebensraum hat. Warum sich das Tier nach Ellwangen verirren konnte, bleibt Spekulation. Denkbar ist, dass ein Tage zuvor wütender Sturm den Bulwersturmvogel als bislang erstes Exemplar in Deutschland aus seinem Revier »gefegt« hat. Am Ende überstand das zierliche Tier die Strapazen seiner langen Reise nicht.

Die nächste Sensation bahnte sich im folgenden Dezember an. Eine Katze in Markgröningen hatte ausgerechnet eine amerikanische Zwergdrossel erwischt. Letzte Beobachtungen dieser Art liegen lange zurück: 1866 bei Hamburg und 1869 auf Helgoland.

Adresse NABU-Vogelschutzzentrum, Ziegelhütte 21, 72116 Mössingen-Ziegelhütte, Tel. 07473/1022, www.nabu-vogelschutzzentrum.de | **ÖPNV** Regionalbahn bis Bahnhof Mössingen; von hier mit Bus 152, Haltestelle Ziegelhütte | **Öffnungszeiten** Mo–Fr 9–17 Uhr, Sa, So nur für angemeldete Gruppen | **Tipp** Von der Ziegelhütte aus ist über Talheim nach etwa vier Kilometern der Segelflugplatz auf dem Farrenberg zu erreichen, wo es während des Flugbetriebs einiges zu sehen gibt. Ein kleiner Abzweig unterwegs führt zur Andeckhütte. Von der abgegangenen Spornburg Andeck ist nur noch der Burggraben zu sehen.

24__Das Kirschblütenfest

Wo der Wandel Bestand hat

Ob Schneeweiß oder in zartem Rosé, alle Nuancen sind bezaubernd schön und schnell vergänglich: Wenn in der milden Frühjahrssonne Kirschblüten ihre vollkommene Pracht entfalten, ist das nicht nur im fernen Japan eine besondere Zeit.

Eines Morgens sei es auffallend hell in seinem Zimmer gewesen, erinnert sich Maler und Autor Jürgen Jonas. Über Nacht war ein Kirschbaum vor dem Fenster erblüht und zeichnete hin zum »Kirschenfeld« ein phantastisches, fast blendendes Licht. Unter diesem Eindruck reifte die Idee, die Zeit der Obstbaumblüte, allen voran die der Kirschblüte, nach dem Vorbild des japanischen Kirschblütenfestes Hanami zu feiern. Auf seine Initiative hin richtet unter der Schirmherrschaft der Gemeinde der Nehrener Obst- und Gartenbauverein seit 2007 alle zwei Jahre ein Kirschblütenfest aus. Ganz anders als im Land der aufgehenden Sonne stellt der Ort ein umfangreiches Rahmenprogramm auf die Beine. Naturkundliche Führungen und Infostände gehören genauso dazu wie Kreativangebote und selbstredend Bewirtung.

Das 1995 als Landschaftsschutzgebiet ausgezeichnete Fleckchen Erde mit einer Fläche von rund 200 Hektar hat zwar zu jeder Jahreszeit seinen Reiz, die Landschaftskulisse während der Obstbaumblüte aber gilt vielen als die schönste. Unter rund 8.000 Obstbäumen gedeihen hier etwa 2.000 Kirschbäume unterschiedlichster Sorten.

In Japan dagegen richtet sich Hanami, übersetzt »Blüten betrachten«, nach dem regionalen Erblühen der Bäume, die im Gegensatz zu unseren Kirschen keine essbaren Früchte, stattdessen aber deutlich mehr Blütenblätter hervorbringen. Ist es so weit, wird nach Parkanlagen oder Kirschblütenalleen »gegoogelt« und der Picknickkorb einschließlich Reiswein und Bier sowie meist einer blauen Kunststoffplane gepackt. Dann steht dem Ereignis nichts mehr im Wege. Wer hier innere Einkehr erwartet, wird heutzutage vor Ort eines Besseren belehrt.

Adresse Freizeitanlage Schwanholz, Nehrener Kirschenfeld zwischen Apfel-und-Birnen-Baum-Allee und Hohlweg sowie beim Schützenhaus und Obst- und Gartenbauhaus, 72147 Nehren | **ÖPNV** Hohenzollernbahn bis Bahnhof Nehren, weiter entlang der Daimlerstraße bis zum Herdweg, von hier nach rechts abbiegen, unter dem Bahngleis-tunnel hindurch bis zur Apfel-und-Birnen-Baum-Allee, Fußweg rund 20 Minuten | **Öffnungszeiten** Das »Hanami« wird alle zwei Jahre ausgerichtet. Das nächste Mal 2017, 2019 … | **Tipp** Nehren ist Mitglied der Deutschen Fachwerkstraße. Einer Zeitreise gleich führt ein Bummel durch den Ortskern an vielen außergewöhnlich schönen Fachwerk-häusern vorbei.

25 Das Tante-Emma-Museum

Siedlerstolz, Zichorie und andere vergessene Dinge

Auftakt war 1995 die 850-Jahr-Feier der kleinen Ortschaft Obernau. Da wurde gewerkelt, geprobt und vorbereitet – jeder nach seiner Fasson. Und so hatten Mathilde und Siegfried Schweinbenz, die seit vielen Jahren ein Lebensmittelgeschäft im Ortskern betreiben, schon Monate zuvor auf Flohmärkten und anderswo nach Sehenswertem von anno dazumal gestöbert. Schließlich sollte am Festwochenende in einem zum Tante-Emma-Laden umfunktionierten Lager allerlei zu bewundern sein.

Die Feier ging, die Sammlerpassion aber blieb. Glücklicherweise war damals quasi um die Ecke eine ehemalige Waschküche zu mieten, die sich aufwendig renoviert mit ihren 15 Quadratmetern und einem Gartenstückchen direkt am Seltenbach als idealer Platz für die Einrichtung des privat geführten Tante-Emma-Museums erwies. Mit viel Liebe zum Detail fanden seither mehr und mehr wahre Schätze, Originale aus längst vergangenen Tagen, in Regalen, Vitrinen, in und auf der Ladentheke einen gebührenden Platz. Dazu gehören im Wengert selbst angebauter Tabak, der Siedlerstolz, Zichorie als Kaffee-Ersatz und Pepp für dunkle Soßen genauso wie Emaille-Werbeschilder, Jahresdosen, Kernseifenflocken oder Junggesellenknöpfe. Einiges stammt aus der Zeit des Zweiten Weltkriegs wie Dosen der 1935 erfundenen »Fliegerschokolade« Scho-Ka-Kola, Spinnstoffkarten oder Reisebrotmarken. Sutterkrüge für des Schwabens liebstes Hausgetränk Most sind neben Limonadenflaschen in schweren Metallkisten aufgereiht. Unter den Textilien sorgen die Stehbrunzhosen für Staunen.

Doch ohne Erklärungen der Museumsbetreiber bliebe manchen Besuchern der eine oder andere Zweck einiger Exponate rätselhaft. Einer Zeitreise gleich ist hier Spannendes, Kurioses und Praktisches zu erfahren. Müllberge etwa waren früher kein Thema. Man achtete darauf, dass auch Verpackungen wiederverwendet werden konnten.

Adresse Rommelstalstraße 23/1, 72108 Rottenburg-Obernau, Tel. 07472/8885 | **ÖPNV** Regionalbahn bis Rottenburg, von hier Regionalbus 7629 Richtung Börstingen bis Haltestelle Obernau | **Öffnungszeiten** April–Okt. jeden 1. So im Monat 14–17.30 Uhr, für Gruppen ganzjährig nach Vereinbarung | **Tipp** Einen Katzensprung vom Museum entfernt erhebt sich der mittelalterliche runde Eselsturm als verbliebener Teil der einstigen Wasserburg der Edelfreien von Ow.

26___Das Schneckenpflaster

Schneckentempo war gestern

Nur einen Wimpernschlag in der Erdgeschichte zurück, breitete sich vor rund 200 Millionen Jahren in großen Teilen Süddeutschlands das warme, subtropische Jurameer aus. Vieles hat sich seither verändert, eines aber blieb gleich: Der Rhythmus von Fressen und Gefressenwerden gilt im Tierreich nach wie vor als Naturgesetz.

Neben riesigen, an das Wasser angepassten Reptilien tummelten sich während der Vorzeit unterschiedlichste Lebensformen im wohltemperierten Nass. Dazu zählten auch Ammoniten, die ihren späteren Namen aufgrund des eingerollten Gehäuses dem altägyptischen Gott Ammon mit seinem Widdergehörn zu verdanken haben. Die Ammoniten selbst galten Ichthyosauriern und Plesiosauriern als Leckerei, auf ihrem eigenen Speiseplan standen Plankton, Einzeller, Stachelhäuter, winzige Krebse und kleinere Artgenossen. Vom Devon bis zur Kreide mit über 1.500 Gattungen von nur wenigen Millimetern Größe bis zu zwei Metern vertreten, waren Ammoniten auch im Jurameer heimisch und weltweit bis zur Planktonkrise während des Paläozäns nicht unterzukriegen.

Versteinerte Ammoniten, als Fossilien keine Seltenheit, bewegten nicht nur die Gemüter der Wissenschaft. In Mystik und Volksglauben seit Jahrtausenden von Bedeutung, spielen sie als »Schlangensteine« bis heute eine Rolle. Ihnen wurden und werden von Mächten aus dem Diesseits oder Jenseits schützende Kräfte nachgesagt.

Ofterdinger mussten in früheren Jahren nicht lange nach den Relikten suchen. Mitten in der Ortschaft auf einer Felsenbank im Bachbett der Steinlach zieht sich das seit 1937 unter Naturschutz stehende Ofterdinger Schneckenpflaster entlang der Kriegsstraße mit unzähligen Ammoniten, Nautilus und Austern hin. Aufgrund der großen Anzahl wird angenommen, dass auch bereits abgestorbene Gehäuse durch Meeresströmungen hier angeschwemmt wurden. Eine sehr schöne Versteinerung ist im Ofterdinger Rathaus ausgestellt.

Adresse Kriegsstraße, Zugang zum Bachbett auf Höhe der Hausnummer 26, 72131 Ofterdingen | **ÖPNV** Bus 7613, Haltestelle Kriegsstraße Ofterdingen | **Tipp** Ein Bummel durch den Ortskern vorbei am Rathaus von 1523 und anderen historischen Gebäuden vermittelt im Kontrast mit moderner Architektur ein ganz besonderes Lokalkolorit.

27__Die Neske-Bibliothek

Wo Weltansichten aufeinandertrafen

Der gemütliche Raum mit Kachelofen, Cordsofa und dunklen Holzbalken an der Decke war seit den Nachkriegsjahren als Ort der Geselligkeit von Geist und Intellekt erfüllt. Denn genau hier im ehemaligen Haus von Günther Neskes Schwiegereltern, der Fabrikantenfamilie Gayler, wurde 1951 mit der Gründung des Neske-Verlags ein neues Kapitel im literarischen Diskurs aufgeschlagen. Darüber hinaus beherbergte das Haus, auch als »Arche« bekannt, nach Kriegsende neben Familie Gayler und Neske auch Freunde und Bekannte.

Einfach waren die ersten Tage durch Papierknappheit, Zensur und das Hickhack um Lizenzen kaum, aber der in Pommern geborene Neske, gemeinhin als Temperamentbolzen und Draufgänger charakterisiert, wandte sich umgehend nach Beendigung seines Kriegsdienstes wieder den Büchern zu. Unter anderen Vorzeichen als zu Studienzeiten schlug sein Herz jetzt für die verlegerische Arbeit, für anspruchsvolle Texte. Viele Größen der Kunst- und Literaturszene versammelten sich hier ebenso wie Prominenz aus Gesellschaft und Politik. Ernst Bloch, Martin Heidegger, Walter Jens, Ernst und Gretha Jünger, Hans Mayer, Kurt Georg Kiesinger und viele andere, dazu Schauspielerin Elisabeth Flickenschildt oder die Ballerina des 20. Jahrhunderts Marcia Haydée, nahmen einst auf dem berühmten Cordsofa Platz.

Günther und Brigitte Neske brachten mit ihrem Programm, das bis 1993 weit über 400 Druckwerke sowie unzählige Schallplatten umfasste, Lesern nationale und internationale literarische Avantgarde nahe. Dabei changierte Neske, angespornt von Neugier und Enthusiasmus, zwischen moderner Lyrik und Prosa, zwischen Bekanntem und Unbekanntem. Reinsten Zuspruch erntete er mit seiner Tätigkeit trotzdem nicht. Immer wieder beschwor er Kritik herauf, auch aus dem Kreis seiner eigenen Autoren. Dass er emotional mehr Verfasser als Verleger war, irritierte manche durchaus.

Adresse Klosterstraße 28, 72793 Pfullingen, Tel. 07121/5856786 | **ÖPNV** Regionalbahn bis Bahnhof Reutlingen, von hier Bus 400 Richtung Gammertingen oder Regionalbus 7606 Richtung Kleinengstingen, Haltestelle Pfullingen Klosterstraße, Fußweg 5 Minuten | **Öffnungszeiten** Juni–Okt. jeden 1. So im Monat 14–17 Uhr; Gruppen nach Vereinbarung | **Tipp** Die Pfullinger Hallen mit großflächigen Jugendstilmalereien wurden von Privatier und Mäzen Louis Laiblin gestiftet. Zwischen 1904 und 1907 erbaut, war die Anlage von Anfang an für das »Edle und Schöne« gedacht. Weitere Informationen erteilt die Stadtverwaltung (www.pfullingen.de).

28__Das Sprechgitter

Ein Fenster zur Welt

Für Blubberbacken und Quasselstrippen dürfte die »forma vivendi« in früheren Klarissenklöstern allein schon der Sprechgitter wegen unvorstellbar sein. Aber ganz im Sinne der posthum heiliggesprochenen Ordensgründerin Clara von Assisi, die als erste Frau in der Geschichte das »Privileg der Armut« in Regeln fasste, waren Besitzlosigkeit, Askese, strenge Klausur und Kontemplation der Weg zur Nachfolge Christi. Gerade einmal 18 oder 19 Jahre alt, hatte sie ihr wohlhabendes Elternhaus verlassen und in der Kapelle Portiuncula bei Assisi das Gelübde eines Lebens nach den evangelischen Räten abgelegt: arm, gehorsam und keusch. Die Lebensweise entsprechend Claras Ordensregeln war extrem entbehrungsreich, so sehr, dass Papst Innozenz IV. lange zögerte, sie anzuerkennen. Erst auf ihrem Sterbebett stimmte er zwei Tage vor Claras Tod mit der Bulle »Solet annuere« den damals schon überarbeiteten Regeln zu.

Doch trotz der radikalen Abkehr vom weltlichen Leben hatte Clara etwas in Gang gebracht. Im Jahr ihres Todes 1253 wurden schon 111 Klarissenklöster gezählt, und es wurden mehr und mehr. Die im Lauf der Geschichte zwar immer wieder veränderten Ordensregeln enthielten die Vorschrift, zu schweigen. Mit leiser Stimme nur das Notwendigste zu kommunizieren sollte genügen. Aus diesem Grund wurden in vielen Klöstern Parlatorien mit Sprechgittern eingerichtet, wo es den Nonnen nach Erlaubnis der Äbtissin und in Gegenwart von zwei Schwestern gestattet war, mit weltlichen Besuchern zu sprechen. Diese Gitter waren zusätzlich mit blickdichten Vorhängen und zahlreichen langen Zapfen versehen.

So war auch in Pfullingen während des Spätmittelalters ein Klarissenkloster mit seiner mehrere Gebäude umfassenden Anlage und natürlich einem Sprechgitter zu finden. Manches blieb erhalten, worunter das originale Sprechgitter aus dem 13. Jahrhundert als einzigartiger Kulturschatz gilt.

Adresse Klostergarten 2, 72793 Pfullingen | **ÖPNV** mit der Bahn bis Bahnhof Reutlingen; weiter mit Regionalbus 7606 Richtung Kleinengstingen, Haltestelle Pfullingen Laiblings- platz; 6 Minuten Fußweg | **Öffnungszeiten** Mai–Okt. So 14–17 Uhr | **Tipp** Gleich um die Ecke liegt das Klostergarten-Restaurant, in dem das Bier der kleinen Berg-Brauerei mit langer Tradition ausgeschenkt wird.

29 Die Kanonen der Bürgerwache

Der Zufall kam zupass

Mit dem Einmarsch französischer Truppen am Ende des Zweiten Weltkriegs in Rottenburg, am 18. April 1945, veränderte sich vieles erneut – für die gesamte Bevölkerung eine schwere Zeit. Betroffen waren alle, und so ging die französische Besatzung auch an der Rottenburger Bürgerwache nicht vorbei. Mit ihrer über 700-jährigen Geschichte hatte sich eine reiche Traditionspflege entwickelt, die unter der Militärregierung nicht so einfach und schon gar nicht nach üblichen Ritualen fortzuführen war. Richtig bergab ging es 1947, als die Besatzungsmacht sämtliche Gewehre beschlagnahmte sowie die beiden Kanonen »St. Georg« und »St. Barbara«, die einst im Krieg 1870 in Frankreich erbeutet worden waren. Die Gewehre bekam man später zurück. Nicht so die Geschütze, die nach Frankreich abtransportiert und aller Wahrscheinlichkeit nach für andere Zwecke eingeschmolzen wurden.

Dass die Bürgerwache in Rottenburg heute wieder zwei Geschütze ihr Eigen nennen kann, ist einem glücklichen Umstand zu verdanken. 1952 entdeckte ein Rottenburger Kraftfahrer durch Zufall zwei Kanonenrohre in der Lagerhalle einer Hamburger Gießerei. Sie passten genau für die damals in Rottweil wiederaufgetauchten Lafetten, und so wurde man sich mit dem Besitzer schnell einig, und die beiden Stücke traten ihre Reise nach Rottenburg an. Auch wenn gemutmaßt wurde, die Rohre hätten ihren Ursprung im Peking des Jahres 1522, so verrät die Expertenmeinung etwas anderes: Laut Übersetzung des Sinologen Prof. Dr. Hermann Kogelschatz verweisen die chinesischen Schriftzeichen auf eine vietnamesische Herkunft im Jahr 1822. Gewienert und aufpoliert glänzen die wieder »St. Georg« und »St. Barbara« benannten Kanonen wie in ihren ersten Tagen in kräftigem Gold. Zu bestimmten Anlässen wie an Fronleichnam werden bis heute die beiden von Pferden gezogenen Geschütze zum Salutschießen durch die Artillerie genutzt.

Adresse Tübinger Straße 39, 72108 Rottenburg | **ÖPNV** Regionalbahn bis Bahnhof Rottenburg | **Öffnungszeiten** Die beiden Geschütze sind zu bestimmten Anlässen und Paraden von Pferden gezogen zu sehen (www.buergerwache-rottenburg.de). | **Tipp** Nur einen Steinwurf vom Haus der Bürgerwache steht der Rottenburger Schlachthof als imposanter Backsteinbau aus dem Jahr 1904. Zwar gibt es hin und wieder Pläne für die Umgestaltung und Neunutzung des Areals, aber bislang ist nichts entschieden.

30___Der Wildrosengarten

Wo Bienen gerne wohnen

Für Wildbienen eine Top-Adresse, denn das kleine Paradies im Rottenburger Wohngebiet »Äuble« vereint seit 1988 mit rund 30 Arten mehr als alle in Baden-Württemberg heimischen Wildrosen auf einem Viertelhektar Land. Und wenn mit der Blütezeit zwischen Mai und Juli alljährlich das blumige »Schlaraffenland« unter Obhut des Schwäbischen Albvereins lockt, brauchen manche Nektarsammler gar nicht weit zu fliegen, denn direkt im Garten wurde auch ein Wildbienenhaus eingerichtet.

Wohin aber zuerst? In jeder Ecke duftet es verführerisch. Zur Vorspeise ein wenig Nektar von der Fast-Buschrose, zur Hauptspeise ließe es sich summend zur Hundsrose hinüberfliegen, und zum Dessert wäre das Naschen von der Weinrose sicher köstlich. So oder so ähnlich könnte ein Bienenleben im Frühsommer sein. Der Tisch ist aber reich für alle gedeckt, und so finden sich auch viele andere Insektenarten aus der Nachbarschaft zum Festmahl ein.

Vor allem zur Blütezeit sehen sich viele der Sträucher mit bloßem Auge recht ähnlich. Den Bienen ist es gleich. Für uns hingegen ist es ohne Lupe und fundierte botanische Kenntnisse schwierig, die richtige Antwort auf Fragen nach Art oder Gattung zu finden. Einfacher ist eine Bestimmung, wenn sich zum Sommer und Frühherbst hin die jeweiligen Hagebutten entwickeln. Hier sind Unterschiede durch Form und Farbe, durch Größe und Beschaffenheit augenscheinlicher als bei den meist weiß bis blass rötlich gefärbten fünfblättrigen Blüten und kaum zu unterscheidenden Blättern. Weitere Indizien liefert der Höhenwuchs der Sträucher.

Hierzulande häufig anzutreffen ist die Hundsrose, deren unpoetisch klingender Name kaum auf die pittoreske Pracht des blühenden Strauches schließen lässt. In früheren Zeiten galten Hunde als absolut gewöhnlich, und da die Wildrose durch ihre weite Verbreitung nichts Besonderes war, bürgerte sich die wenig schmeichelhafte Bezeichnung ein.

Adresse Magdeburger Straße 33, 72108 Rottenburg | **ÖPNV** Regionalbahn bis Rottenburg, weiter mit Bus 4, Haltestelle Eugen-Bolz-Platz, dann mit Bus 2, Haltestelle Greifswalder Weg | **Öffnungszeiten** ab Mai bis in den Herbst hinein öffentlich zugänglich | **Tipp** Das Kalkweiler Tor aus dem frühen 14. Jahrhundert mit einem Fresko aus dem 18. Jahrhundert ist nach knapp 500 Metern stadteinwärts in der gleichnamigen Straße zu erreichen. Bis 1968 war die Torwächterstube im Turm noch bewohnt.

31 Der Kornbühl

Alles im grünen Bereich

Ein Naturschauspiel der besonderen Art zeigt sich im Frühjahr zu Füßen des Kornbühls. Der Zeugenberg, durch seinen Verband aus unterschiedlichen Kalksteinschichten für die Erosion eine besonders harte Nuss, ragt trotz Jahrmillionen langen Feilens von Wind und Wetter immer noch 886 Meter hoch auf. Seine Vegetation zeichnet hier auf kargem steinigen Grund mit Wachholderheide neben Baumriesen, Dornsträuchern und Silberdisteln einmal mehr die unvergleichliche Poesie der Schwäbischen Alb.

Wenn nach einem ordentlichen schneereichen Winter Flora und Fauna unter der wärmenden Sonne langsam zu neuem Leben erwachen, staut sich Schmelzwasser an einem Damm am früheren Weg Richtung Ringingen und bildet als »Märzenbronnen« einen mitunter beachtlichen See. Nach knapp drei Wochen ist das Schauspiel meist zu Ende. Das versickernde Wasser gelangt über einen kleinen Bachlauf in die nahe gelegene Lauchert.

Während dieser kurzen Zeit gibt es den Kornbühl je nach Lichteinfall gleich in doppelter Ausführung. Dann nämlich spiegelt sich die kegelförmige Erhebung mitsamt ihrer Krönung, der im Jahr 1507 erstmals erwähnten Wallfahrtskapelle St. Anna, in der breiten Oberfläche des Sees.

Aufgrund der prominenten Lage geradezu prädestiniert für einen kleinen Sakralbau, hat es dort oben, wo sich Himmel und Erde berühren, vermutlich schon vor der urkundlichen Nennung ein Kirchlein gegeben. Manchen gilt der Kalvarienberg mit seinem steil ansteigenden Kreuzweg als magisch-spiritueller Ort, andere schätzen die Natur, das harmonische Kolorit sowie den unverstellten Blick auf die umgebende Landschaft. Das mag auch die Eremiten beeindruckt haben, die zwischen 1706 und 1850 in einer Klause auf dem Kornbühl über die Kapelle wachten. Viele Jahre später, 1957 und 1974, wurden dort verschiedene Heilgenfiguren entwendet. Allein der »heilige Wendelin« tauchte später im Kunsthandel wieder auf.

Adresse Kornbühl und Salmendinger Kapelle, 72393 Burladingen-Salmendingen | **Anfahrt** B 27 Richtung Rottweil, nach der Ortsdurchfahrt Ofterdingen links nach Mössingen abbiegen, am ersten Kreisverkehr die dritte Ausfahrt nehmen und weiter über die L 385, nach Talheim rechts auf die K 7161 abbiegen, etwa 1 Kilometer hinter Salmendingen liegt der Wanderparkplatz Kornbühl auf der rechten Seite | **Tipp** Von Salmendingen aus ist der Talheimer Wasserfall nach gut zwei Kilometern zu erreichen.

32 Der Birkensee

Wo die Füße trocken bleiben

Wenn die Sonne im dunkelblauen Wasser des kleinen Birkensees Binsen, Gräser und Bäume spiegelt, vereinzelte Birken hoch in den Himmel ragen und gewölbte Torfmoospolster zwischen Heidevegetation eigenwillige Flächen bilden, glaubt man sich in einer anderen Welt. Und in der Tat zählt das landschaftliche Juwel zu einer der spannendsten Regionen des Schönbuchs.

Die Naturrarität nimmt hier als Übergangsmoor verschiedene Entwicklungsstadien zwischen Nieder- und Hochmoor ein. Dabei liegt sie ein wenig versteckt an einem Standort, den man für ein Feuchtbiotop kaum erwarten würde: Die bizarre Landschaft mit seltenen Pflanzengesellschaften breitet sich auf etwa 565 Höhenmetern auf einer Ebene des Brombergs, der höchsten Erhebung des Schönbuchs, aus.

Des Rätsels Lösung um die Entstehung des Moors erklärt die Geschichte. Die unter dem See liegende Gesteinsschicht als Sohle eines aufgelassenen Rhätsandsteinbruchs entwickelte durch natürliche Verkittung im Lauf der Zeit eine wasserundurchlässige Schicht. Niederschläge bildeten nach und nach einen See. Früher deutlich größer, ist das Gewässer heute bis auf wenige Quadratmeter verlandet. Schließlich war zu Beginn des 20. Jahrhunderts ein Feuchtbiotop nicht das, was als erstrebenswert galt. Künstlich angelegte Entwässerungsgräben senkten den Wasserspiegel und ließen die Wasserfläche zusammenschrumpfen. Zwar kürte man das Fleckchen Erde schon 1955 zum Naturdenkmal, der Zerstörung der typischen Moorlandschaft wurde aber erst in den 1970er Jahren durch Zuschütten der Drainagen entgegengewirkt. Seither hat sich die Fläche des Feuchtgebietes weiter ausgedehnt. Seinem Schicksal überlassen bleibt der Birkensee nicht. Um das Niedertrampeln des schützenswerten Pflanzenreichtums zu verhindern, führen heute ein Rindenmulchweg zum See und ein Bohlenweg durch die Bulten. Wild und dennoch behütet darf sich die einzigartige Landschaft entfalten.

Adresse Brombergebene Schönbuch, Koordinaten 48.59377, 9.01387 | **ÖPNV**
Bus 754 Richtung Böblingen, Haltestelle Holzgerlingen Schaichhof | **Anfahrt** L 1208
Richtung Stuttgart bis zum 1. Kreisel, die Ausfahrt auf die B 464 nehmen und etwa 2 Kilometer weiterfahren, vor Holzgerlingen links in das Franzensträßle einbiegen und bis zur
Parkmöglichkeit am Grillplatz Schaichhof weiterfahren; der Birkensee ist vom Parkplatz
am Grillplatz Schaichhof aus entlang dem Waldweg Schaichhof Allee nach etwa 2,5 Kilo-
meter zu erreichen | **Tipp** Nach dem Rückweg lässt es sich an dem hübschen Grillplatz
wunderbar rasten. Für alle, die Grillgut mitgebracht haben, umso besser.

33 Das Pfeifferkreuz
Wo Tragödien im Dunkeln bleiben

Bebenhausen, 5. März 1822: »Grausiger Fund beendete am gestrigen Tag die Suche nach Wilhelm Pfeiffer. Der seit dem Abend des 26. Februar vermisste sechzehnjährige Lehrling der Oberförsterei Bebenhausen fiel am Kirnberghang während einer Geländekontrolle einem Verbrechen zum Opfer.«

So oder ähnlich hätte die Nachricht zu einem Ereignis lauten können, das unter Forstleuten im Schönbuch für Angst und Schrecken sorgte. Die ohnehin angespannte Situation zwischen Waldfrevlern und Waldhütern zu Beginn des 19. Jahrhunderts verschärfte sich durch diese schaurige Tat dramatisch. Der Konflikt hatte sich an rigorosen Einschränkungen der seit dem Mittelalter üblichen Weide- und Holzrechte entzündet. Länger schon hielt das Waldgebiet der Ausbeutung kaum mehr stand und zeigte sich hier und da beklagenswert licht. König Wilhelm I. von Württemberg schob dem Raubbau 1819 durch Reformen einen Riegel vor. Doch statt auf Zustimmung stieß er auf Widerstand. Holzdiebe und Wilderer durchstreiften immer wieder den Wald. Allein im Jahr 1822 wurden deshalb gut 10.000 Strafbefehle verhängt.

Die Durchsetzung der neuen Gesetze oblag in Bebenhausen Oberförster Johannes Andreas Vogelmann. Just am 26. Februar musste er hinüber nach Pfullingen. Seinem Lehrling schärfte er ein, in der Amtsstube zu bleiben. An besagtem Datum wurde Pfeiffer gegen 15 Uhr zuletzt gesehen. Vogelmann sorgte sich, als sein Lehrling am folgenden Tag nicht erschien, und schickte einen Suchtrupp ins Gelände. Erst am 4. März bestätigte sich die Befürchtung. Durch Axthiebe ermordet und durch Wildfraß entstellt, entdeckte man Wilhelms sterbliche Überreste. Die Tat konnte nie aufgeklärt werden. Vogelmann, fortan mit Begleitschutz, und weitere Forstgehilfen stellten 1823 am Tatort ein Steinkreuz mit der Inschrift »Jäger Mordplaz, Wilhelm Pfeiffer 26. Februar 1822« auf und pflanzten eine Eiche – heute ein stattlicher Baum.

Adresse Am Kirnberg im Schönbuch, Koordinaten 48.564915, 9.078519 | **ÖPNV** Bus 826, 828, 754, Haltestelle Bebenhausen Waldhorn; von hier rechts den Waldweg nehmen und an der ersten Kreuzung links abbiegen; rund 1,8 Kilometer geradeaus, dann auf Höhe der zweiten linken Abzweigung den rechts gelegenen überwucherten Waldweg etwa 200 Meter bis zum Kreuz an einer Lichtung weitergehen | **Anfahrt** Mit dem Pkw kann man hinter Bebenhausen noch einen Kilometer bis zum Ausweichparkplatz weiterfahren. Wer hier startet, sollte beim ersten linken Abzweig rechts abbiegen. | **Tipp** Eine Führung durch den Kräutergarten im Kloster Bebenhausen mit bekannten und längst vergessenen Heil- und Gewürzkräutern kann vielleicht die heimische Küche mit neuen Ideen beleben (www.kloster-bebenhausen.de).

34_Die Alte Lindenallee

Was ist schon für die Ewigkeit?

Eine großzügige Geste der Stadtväter bescherte Tübingen 1508 reichlich Grün. Als Geschenk an die Universität sollte durch Anpflanzung einer Lindenallee der Weg zu den Universitätsgebäuden in der Oberstadt herausgeputzt werden.

Da hieß es im Gebiet Oberer Wöhrd Graben, Wässern und Werkeln, denn den Anfangsbestand von 40 Bäumen entlang einer 700 Meter langen Strecke vom neu gebauten Hirschauer Steg, der heutigen Alleenbrücke, Richtung Südwesten bis zur Gemarkungsgrenze Weilheim pflanzte man nicht von heute auf morgen. Die Mühe lohnte. Im Laufe der Jahre entwickelte sich die Allee zu einer beliebten Flaniermeile, die Studenten wie Passanten auch gerne für ein Picknick nutzten. So pilgerte beispielsweise die Burschenschaft der 1883 ins Leben gerufenen Tübinger Königsgesellschaft Roigel alljährlich an Fronleichnam entlang der Allee, um im Schatten der Linden die Becher mit »Gerstensaft« zu heben.

Zu Beginn des 20. Jahrhunderts forderten Modernisierungen ihren Tribut. Zwar ging nicht jedermann damit d'accord, aber zukunftsweisende Projekte wie der durch die Allee laufende Ausbau der Ammertalbahn-Trasse konnten auch durch das Alleengezänk zwischen Stadt und Universität nicht gestoppt werden. Obwohl man Naturästhetik seit dem ersten gravierenden Einschnitt weniger Bedeutung beimaß, gab es seit 1911 immer wieder Schutzmaßnahmen zum Erhalt verbliebener Bäume. Selbst Nachpflanzungen sollten das Idyll im Rahmen des Möglichen bewahren. Ende der 1970er Jahre kostete der Bau der Umgehungsstraße B 28 und des Schlossbergtunnels die halbe Allee. Mit der Paul-Horn-Arena im Jahr 2004 wurde es wieder knapp, doch dank massiver Proteste war weitere Abholzung kein Thema.

Heute zählt die verbliebene Alte Lindenallee zu einem Naturdenkmal von überregionaler Bedeutung, wobei von den ursprünglich gepflanzten, inzwischen über 500 Jahre alten Bäumen nur noch ein paar wenige erhalten sind.

Adresse Die Alte Lindenallee im Bereich Oberer Wöhrd liegt mit Ausnahme der B 28 in einer Diagonale zwischen dem Wildermuth-Gymnasium und dem südöstlichen Ende des Fußballplatzes beim Freibad. | **ÖPNV** Bus 18, 19 oder Bus 7622/19, Haltestelle Tübingen Freibad | **Tipp** Wer schon immer einmal höher hinauswollte: Die Kletterwand an der Paul-Horn-Arena macht es möglich (www.tsg-tuebingen.de/kletteranlage).

35___Der Alte Schlachthof

Wo Fruchtfleisch nebensächlich war

Während des Mittelalters wurde ein Stück abseits des Weinbauer- und Handwerkerviertels »Gôgei« in der Langen Gasse unter zunehmend katastrophalen Bedingungen geschlachtet. Aus hygienischen Gründen und Platzmangel entwickelte sich das Gebiet zur »No-go-Area«. Schließlich ließ man das Schlachthaus eben Schlachthaus sein und deckte den Fleischbedarf über Hausschlachtungen. Nicht für die Ewigkeit jedoch, denn 1871 setzte ein Reichsschlachtgesetz einen Schlussstrich unter das Treiben.

Jetzt waren wieder öffentliche Einrichtungen gefragt. Wo und wie war in Tübingen gar nicht so einfach. Stadtväter schoben die Finanzierung weit von sich und regten stattdessen die Gründung einer Genossenschaft an. Das funktionierte vergleichsweise schnell, doch der nächste Schritt, ein geeignetes Gelände für den Bau eines neuen Schlachthauses zu finden, zog sich sage und schreibe weitere 18 Jahre hin. Dann aber war es so weit: Am 18. September 1893 konnte der Bau draußen vor der Stadt eingeweiht werden. Stilistisch der Architektur seiner Zeit entsprechend, war der Schlachthof in technischer Hinsicht ein Knüller, so sehr, dass eigens ein Mechaniker eingestellt wurde. Es gab elektrisches Licht, eine eigene Wasserversorgung einschließlich Wasserturm, Kalt- und Warmwasserbecken. Nur dem zur Schlachtbank geführten Vieh dürfte der Hype um Technik und Fortschritt egal gewesen sein.

Doch auch auf dem Fleischmarkt schlief die Konkurrenz nicht. Um 1950 zeichneten sich wenig erfreuliche Tendenzen ab. Auftakt für das Aus war ein Abwassereinbruch. Aus Mitteln der Schlachthausgesellschaft war der Schaden nicht zu beheben, und so verkaufte sie einige Gebäude an die Stadt. Der Betrieb dümpelte noch 30 weitere Jahre vor sich hin, 1998 wurde er aufgegeben. Heute nutzen Kleinunternehmen, Kunstateliers und das Forum Shedhalle für zeitgenössische Kunst das optisch in die Jahre gekommene Areal.

Adresse Alter Schlachthof, Schlachthofstraße 9, 72074 Tübingen | **ÖPNV** Bus 1, 2, 6, 7, 17, Haltestelle Lothar-Meyer-Bau | **Öffnungszeiten** Das Areal ist öffentlich zugänglich. | **Tipp** Rudolf Steiners spirituell-esoterische Weltanschauung – sein kontrovers diskutierter Weg der Erkenntnis und die Methode zur Erforschung des Geistigen – hat sich als Anthroposophie einen Platz geschaffen. Im Tübinger Rudolf-Steiner-Haus, nicht weit entfernt vom alten Schlachthofareal, werden Veranstaltungen und Seminare angeboten (www.anthroposophie-tuebingen.de).

36__Der Ammerfriedhof

Am Ende aus der Reihe getanzt

Wo man heute inmitten des städtischen Treibens Ruhe tanken, ein wenig promenieren und die Seele baumeln lassen kann, verhielt es sich in früheren Zeiten mit den Seelen ganz anders.

Mitte des 16. Jahrhunderts wurde im westlichen Teil des Botanischen Gartens ein Friedhof angelegt. Bis dahin hatte man Verstorbene innerhalb der Stadtmauern auf dem St.-Georgen-Kirchhof und bei der Jakobuskirche begraben.

Hygiene war ein Fremdwort, und mit der Totenruhe war es inmitten lebhafter Geschäftigkeit ohnehin nicht weit her. Schließlich reichte auch der Platz kaum noch aus, denn den Schwarzen Tod scherten weder Stadttore noch Mauern. Viele Orte kannten diese Problematik, und so lag die Lösung, wie schon von Martin Luther angeregt, außerhalb der Stadt.

Nicht weit vom Lustnauer Tor entfernt an der Ammer legte man einen Friedhof an. Dabei ist Anlegen ein großes Wort. Trotz der Einfriedung, einer Holzbrücke über das Flüsschen und eines schwarzen Tores als Zugang war der Friedhof selbst ein einziges Trauerspiel. Die Gräber lagen kreuz und quer, ohne Wege, ohne Reihen, oder wurden gar als Viehweide genutzt. Die meisten Verstorbenen wurden ohne Grabstein beigesetzt, es herrschte heilloses Durcheinander, das einen traurigen Anblick für Hinterbliebene bot.

Anfang des 19. Jahrhunderts wurde die Anlage zu klein. Anrainer stellten aber beim Thema Landverkauf auf stur, und so war 1829 an Erweiterung nicht zu denken. Die Stadt suchte und fand ein neues Areal für den heutigen Stadtfriedhof im Käsenbachtal.

Der Ammerfriedhof geriet langsam in Vergessenheit. Die Universität kaufte wenige Jahre später das Gelände auf und nutzte es als Erweiterung des Botanischen Gartens. Vom »Gottesacker« selbst ist nichts geblieben. Nur eine unscheinbare Lücke in der Mauerbegrenzung der Ammer, fest im Griff der wuchernden Vegetation, erinnert noch an die über 300-jährige Friedhofsgeschichte.

Adresse Alter Botanischer Garten, Stadtgraben auf Höhe des Taubenhauses, 72070 Tübingen | **ÖPNV** diverse Busse, Haltestelle Rümelinstraße | **Tipp** Die Handweberei in der Rümelinstraße schlägt mehrere Fliegen mit einer Klappe. Zum einen wird traditionelles Handwerk gepflegt, zum anderen arbeiten hier auf Initiative des Vereins »Hilfe für Menschen mit Behinderung« Menschen mit und ohne Behinderung in der Weberei sowie im zugehörigen Laden (www.hfb-ev.de).

37 — Die Bernhardt'sche Walze

Wo die Schatten wandern

Uhrmacher war er, Ingenieur, Tüftler und natürlich Schwabe. Martin Bernhardts Sternstunde, wenn auch sonnenbeschienen, schlug 1966, als er bei einem ausgeschriebenen Wettbewerb der Zeitschrift »Sky and Telescope« die optimale Lösung für ein jahrtausendealtes Problem einreichte. Ihm war es gelungen, die Zonenzeit eines Standorts mit einer Genauigkeit unter einer Minute durch die ausgefuchste Konstruktion einer Präzisionssonnenuhr anzugeben.

Der 1921 in Freudenstadt geborene Erfindergeist hatte sich schon lange mit Sonnenuhren beschäftigt. Und so brütete er auch während seiner russischen Kriegsgefangenschaft immer wieder über Schwierigkeiten der Zeitangleichung. Dabei stützte er sich auf die Idee des Briten John Ryder, der sich 1832 die von ihm entwickelte Polstab-Walze als raffinierte Alternative zu einem einfachen Schattenstab bei Sonnenuhren patentieren ließ. Doch mit dem breiten Schattenwurf der Walze war es noch lange nicht getan. Ausschlaggebend für die möglichst genaue Ablesbarkeit der Zeit am linken Schattenrand ist die Form des Korpus, dessen »Flügel« je nach Standort in die Äquatorebene gedreht werden müssen. Hier kam die hohe Kunst der Mathematik ins Spiel, die sich Bernhardt nach seiner Gefangenschaft während eines Ingenieurstudiums angeeignet hatte. Letzten Endes gelang es ihm, die ungleichförmige Erdbewegung auf seinen Uhren auszugleichen. Das Datum spielt dabei gar keine Rolle. Von entscheidender Bedeutung ist allerdings der Austausch der beiden unterschiedlich konstruierten Bernhardt'schen Walzen an den jeweiligen Tagen der Sonnenwende im Sommer und im Winter. Seine Erfindung stellte Versionen herkömmlicher Sonnenuhren, bei denen mit Zeitungenauigkeiten bis zu 16 Minuten gerechnet werden muss, sozusagen in den Schatten.

Eines dieser Wunderwerke, jedes für sich ein Unikat, ist auf dem Schulgelände der Freien Waldorfschule in Tübingen aufgestellt.

Adresse Freie Waldorfschule Tübingen, Rotdornweg 30, 72076 Tübingen | **ÖPNV** Bus 2, 3, 4, 5, 6, Haltestelle Pappelweg | **Öffnungszeiten** Schulhof öffentlich zugänglich | **Tipp** Wie in der Waldorfschule orientiert sich die Architektur in der Wohnsiedlung »Schafbrühl« zwischen Berliner Ring und Waldhäuser Straße an anthroposophischen Vorstellungen. Das 1985 fertiggestellte Wohnprojekt ist das erste in Deutschland, bei dem für Mietwohnungen baubiologische Kriterien umgesetzt wurden.

38 Der Bonatzbau

Wo es von allem ein bisschen gibt

Maßgeblichen Einfluss auf den 1877 im lothringischen Solgne geborenen Paul Bonatz übte der Architekt und Professor für Stadtplanung in Stuttgart Theodor Fischer aus. Als Vertreter der »Stuttgarter Schule«, die sowohl den Historismus wie auch das avantgardistische Konzept des Bauhauses verwarf, setzte Fischer mit dem Anspruch, lokale Strukturen zu berücksichtigen, auf eine Synthese von Tradition und Moderne. Zunächst Schüler, Assistent und schließlich Nachfolger Fischers, blieb Bonatz den Prinzipien seines geistigen Vaters verhaftet, was vor allem in seinen Frühwerken wie der alten Universitätsbibliothek in Tübingen, dem Bonatzbau, Ausdruck fand.

Das überwiegend neoklassizistische Gebäude zeigt Elemente und Strukturen aus Antike, Renaissance, Barock und Jugendstil. Von harmonischer Symmetrie bestimmt, schmücken zwölf Medaillons bedeutender Geistesgrößen die Balustrade des zweistöckigen Gebäudes. Ist die rechte Seite Dichtern vorbehalten, so blicken auf der linken Seite Denker den Studierenden entgegen.

Sein »Handwerk« als Berufung und Passion stand für Bonatz von Anfang an unter einem guten Stern. Der zwischen 1911 und 1928 erbaute und nunmehr trotz Denkmalschutz dem Projekt Stuttgart 21 geopferte Stuttgarter Hauptbahnhof aber bedeutete für ihn den eigentlichen Durchbruch hin zu einer der schillerndsten Figuren der Architekturgeschichte seiner Zeit, die geprägt war von Kaiserreich, Erstem Weltkrieg, Weimarer Republik, Nationalsozialismus und Adenauer-Ära. Als spiegelte es diese Unbeständigkeit in Politik und Geschichte wider, so zeigt auch sein Gesamtwerk ein farbiges Spektrum in Form und Ausdruck. Galt er manchen als Prämodernist oder Wegbereiter der Neuen Sachlichkeit, sahen andere in ihm einen Protagonisten nationalsozialistischen Bauens oder den modernen Klassiker. Wie sein Werk war auch sein politischer Standpunkt ambivalent.

Adresse Wilhelmstraße 32, 72074 Tübingen | **ÖPNV** diverse Busse, Haltestelle Uni /
Neue Aula | **Öffnungszeiten** Mo – Fr 8 – 24 Uhr, Sa, So 10 – 22 Uhr; je nach Fachbereich
unterschiedlich (www.ub.uni-tuebingen.de) | **Tipp** In Sichtweite schräg gegenüber
dominiert der klassizistische dreiflügelige Prachtbau »Neue Aula« aus dem Jahr 1845. Von
und für die Universität gebaut, zeigt ein Bodenmosaik vor dem Eingang am Geschwister-
Scholl-Platz die Palme des Universitätswappens.

39__Boulanger

Alkohol ist keine Lösung, sondern ein Destillat

In dem authentisch urigen Stück Tübingen treffen zwar immer wieder »Viertelesschlotzer« auf Weintrinker, doch letzten Endes ist es dasselbe. Wein bleibt Wein, und Bier bleibt Bier, egal, wie man es nennt, und so kehren im »Boulanger« seit einer halben Ewigkeit gerne Schwaben, »Reingeschmeckte« und ein paar vom Rest der Welt jenseits von Standesdünkel ein. Trotzdem sind vor dem Zapfhahn nicht alle gleich. Das musste im Sommer 2015 auch ein EU-Kommissar und langjähriges Mitglied der Tübinger Landsmannschaft Ulmia erfahren. Obwohl der Wirt prinzipiell nichts gegen Studentenverbindungen hat, formulierte er aufgrund schlechter Erfahrungen sein Motto »Im Wichs gibt's nix«. Das heißt, jeder, der in Uniform oder mit entsprechenden Utensilien bekleidet hereinkommt, dem bleiben erfrischende Getränke verwehrt. Auch Ende der 1980er Jahre musste ein Gast wieder gehen, weil er ganz offensichtlich nicht bezahlen konnte. Er hatte die Kneipe im »Adamskostüm« betreten. Angezogene Gäste dagegen dürfen nicht nur trinken, sondern in Ermangelung einer Küche sogar ihre eigene Vesperbox mitbringen.

Seit wann das Haus mit Ausschank lockt, weiß keiner mehr genau. Im 18. Jahrhundert, so viel ist bekannt, führte Familie Ziller ihre »Zillerei«, die 1796 von Kemmlers gleich drei Generationen lang als »Kemmlerei« übernommen wurde. Irgendwann schlich sich der Name Boulanger ein. Die ersten Kemmler-Wirte arbeiteten auch als Bäcker, und so wurde einer von ihnen nach einer Paris-Reise mit Freude und Spott gleichermaßen empfangen: Franzose sei er geworden, ein Boulanger. Doch wer hier mit kosmopolitischer Sprachgewandtheit brilliert, nicht einfach eingedeutscht »Bulanger« sagt, erntet wenig Verständnis. Für Hegel und seine zeitweiligen Stiftsgenossen Hölderlin und Schiller war es noch die »Zillerei«. Oft als Hegels Lieblingsgaststube gerühmt, hat sich die Mär mittlerweile entzaubert.

Adresse Collegiumsgasse 2, 72070 Tübingen, Tel. 07071/23345 | **ÖPNV** ab Hauptbahnhof gut 10 Minuten zu Fuß | **Öffnungszeiten** Mo–Do 15–1 Uhr, Fr 15–2 Uhr, Sa 11–2 Uhr, So und feiertags 14–22 Uhr | **Tipp** Die Gründung der gleich um die Ecke am Marktplatz gelegenen Mayerschen Apotheke im Stammhaus der Gelehrtenfamilie Gmelin geht auf das Jahr 1559 zurück. Mit ihrer historischen Inneneinrichtung gilt sie heute als ein Stück lebendige Geschichte.

40__Doblerstraße 18

Wenn das Schicksal die Karten mischt …

Obwohl sich auf Tübingens Österberg herrschaftliche alte Villen aneinanderreihen, ist die Doblerstraße 18 mit ihren schwedischen Gardinen kaum eine attraktive Adresse. Heute als Außenstelle der Justizhaftanstalt Rottenburg geführt, hat das kleine Gefängnis dennoch große Geschichte geschrieben. Im Hof fiel am 18. Februar 1949 zum letzten Mal in Westdeutschland das Fallbeil.

Die Tat des Delinquenten war eigentlich klar. Richard Schuh, der während des Zweiten Weltkrieges als Bordschütze bei der Luftwaffe gedient hatte und später in amerikanische Kriegsgefangenschaft geriet, fand sich offenkundig nach Kriegsende im zivilen Leben nicht mehr zurecht. Ihm wurde zur Last gelegt, im Januar 1948 einen Kraftfahrer erschossen zu haben, weil er es auf die neuen Reifen von dessen Laster abgesehen hatte. Auf dem Schwarzmarkt sollten sie ihm Bares bringen. Der Händler aber denunzierte ihn, und so war es für die Polizei ein Leichtes, ihn festzunehmen. Nach seiner Inhaftierung zeigte sich Schuh geständig. Das Landgericht Tübingen verurteilte ihn im Mai 1948 zum Tode.

Weniger klar war damals die Verhängung der Todesstrafe an sich. Als Kabinettsmitglied der Regierung in Württemberg-Hohenzollern setzte sich Justizminister Carlo Schmid im Juni 1948 vehement gegen die unzeitgemäße, auf dem alten Strafgesetzbuch beruhende Todesstrafe ein. Das offene Ohr des Regierungschefs Lorenz Bock brachte wenig. Bock verstarb während seiner Amtszeit im August desselben Jahres. Sein Nachfolger Gebhard Müller war damals genauso wie Papst Pius XII. Befürworter der Todesstrafe.

Das Gnadengesuch von Schuh wurde im Oktober 1948 von Müller abgelehnt. Am 17. Februar 1949 holte man aus Rastatt eine Guillotine und baute sie im Tübinger Gefängnishof auf. Am folgenden Tag läuteten um sechs Uhr morgens für Schuh die Totenglocken. Erst im darauffolgenden Mai wurde die Abschaffung der Todesstrafe in der Verfassung verankert.

Adresse Außenstelle der Justizhaftanstalt Rottenburg, Doblerstraße 18, 72074 Tübingen | **ÖPNV** Bus 10, Haltestelle Doblerstraße | **Tipp** Von der Brunnenstraße aus führt in der Nähe des Museums Boxenstopp die sogenannte Himmelsleiter aus dem Jahr 1912 hinauf zur Doblerstraße.

41__Der Eisenmeteorit

Geschenk des Himmels

»Durch die unendlichen Weiten des Universums« katapultiert, finden Meteoriten seit Menschengedenken den Weg auf die Erde: so auch im Jahr 1840 der Eisenmeteorit Magura, der nach seiner Fundstelle des heute in der Slowakei liegenden Beskidengebirgszugs Oravská Magura bei dem Dorf Slanica benannt wurde.

Von dem damals vermutlich bis zu 1.500 Kilogramm schweren Boten aus dem All ist etwa ein Zehntel in Sammlungen zu finden. Pioniergeister und Sammlerherzen dürfen dennoch zu Hause bleiben, denn Slanica ist 1953 durch den Bau des Stausees Orava in den Fluten untergegangen. Um 1840 galt der Fund unter den damaligen Einwohnern als wahrer Segen. Schließlich ließ sich aus Magurabrocken bares Geld machen. Die glücklichen Finder verkauften Teile des Himmelsgeschenkes als Eisenerz von außergewöhnlich guter Qualität, das sich hervorragend zur Produktion von Werkzeugen weiterverwenden ließ.

Das Wertvollste, was er besitze, postete erst jüngst ein Herr aus der Slowakei, sei eine vom Großvater aus himmlischem Material gefertigte Hacke: Wer daran zweifelt, kann das gerne tun. Dagegen ist die Meldung in der Allgemeinen Preußischen Zeitung vom 25. April 1844 nicht zu hinterfragen. Hier wurde der österreichische Geologe und Mineraloge Wilhelm Karl Ritter von Haidinger zitiert. Auf benanntem Terrain sei Meteor-Eisen in so großer Quantität gefunden worden, dass man seine technische Nutzung beabsichtige. Selbstredend riefen die Funde auch Mineralogen von Rang und Namen wie Ernst Weinschenk und Emil Cohen auf den Plan.

Dass seit 1862 stattliche 42 Kilogramm Magura en bloc zur Mineralogischen Ausstellung der Universität Tübingen zählen, ist Dr. Carl Ludwig Freiherr von Reichenbach zu verdanken. Als ehemaliger Student der Naturwissenschaften in Tübingen und leidenschaftlicher Meteoritensammler vermachte er der Hochschule seinen bedeutenden Fundus als Schenkung.

Adresse Mineralogische Schau- und Lehrsammlung, Wilhelmstraße 56, 72074 Tübingen; das Holzgebäude steht direkt hinter dem Lothar-Meyer-Bau | **ÖPNV** Bus 1, 2, 6, 7, 17, Haltestelle Lothar-Meyer-Bau | **Öffnungszeiten** Mi und jeden letzten So im Monat 15 – 17 Uhr | **Tipp** Warum nicht kulinarisch in die Ferne schweifen? Ein traditionell äthiopischer Kaffee im nahe gelegenen Café-Restaurant Africa, auf besondere Art und Weise zubereitet und mit Gewürzen aufgepeppt, verspricht eine interessante Variante des Muntermachers (www-africa-tuebingen.de).

42 Das Elisabeth-Käsemann-Grab

Wenn die Gerechtigkeit untergeht

Nicht immer tragen die Flügel der Zeit alles Leid davon. Manche Erinnerungen bleiben – schmerzlich beklemmend. Der Kampf von Elisabeth Käsemanns Eltern um das Leben ihrer Tochter wie auch der Kampf um Gerechtigkeit nach ihrem gewaltsamen Tod aller Wahrscheinlichkeit nach am 24. Mai 1977 war vergeblich. Am 16. Juni 1977 konnten die sterblichen Überreste der nur 30 Jahre alt gewordenen Elisabeth, zuvor auf Nachdruck der Eltern aus einem Massengrab bei Buenos Aires exhumiert, auf dem Friedhof in Lustnau ihre letzte Ruhe finden.

Als Tochter des Tübinger Theologieprofessors Ernst Käsemann und seiner Frau Margrit führte Elisabeths Weg nach dem Studium der Soziologie und Politik zunächst für ein Praktikum in die Slums von Bolivien. Geleitet von humanitärem Geist und politischem Engagement blieb sie in Lateinamerika und lebte seit 1971 in Argentinien. Ihr Herz schlug für die benachteiligte Bevölkerung, umso mehr, seit am 24. März 1976 die Regierung Isabel Perón durch einen von General Jorge Rafael Videla initiierten Militärputsch gestürzt worden war. Von da an herrschte ein menschenverachtendes Regime. Viele gerieten ins Visier der Häscher. Rund 30.000 Menschen verschwanden bis zum Ende der Militärdiktatur im Jahr 1983. Auch Elisabeths Weg endete Anfang März 1977 als Fluchthelferin und Mitglied eines oppositionellen Netzwerkes in den Folterkammern des Landes. Wenige Wochen später wurde sie erschossen.

Nach Elisabeths Verschleppung hatten Freunde die Familie in Tübingen informiert, die alle erdenklichen Kräfte mobilisierte, um ihre Tochter zu retten. Bis heute stehen Vorwürfe gegen die damalige deutsche Diplomatie wegen unterlassener Hilfeleistung im Raum. Man habe sich mit der Aussage, eine Elisabeth Käsemann sei in Argentinien unbekannt, zufriedengegeben.

Adresse Friedhof Lustnau, Friedhofstraße 17, 72074 Tübingen | **ÖPNV** Bus 1, Haltestelle Tübinger Wolfsbaumweg oder Steige | **Öffnungszeiten** April–Sept. 7–20 Uhr, Okt.–März 8 Uhr bis Sonnenuntergang | **Tipp** Die an der Stelle eines Vorgängerbaus errichtete Evangelische Kirche Lustnau weist einige ältere Fragmente wie ein frühgotisches Portal, ein spätgotisches achteckiges Taufbecken und einen wehrhaften Teil am unteren Kirchturm auf.

43 Der Energie-Rundweg

Wo es mit grünem Beispiel vorangeht

Was verbindet das historische Nonnenhaus mit der megamodernen Paul-Horn-Arena, das Wildermuth-Gymnasium mit dem Campingplatz oder das Freibad mit dem Thiepval-Areal? Richtig, alle gehören zu den insgesamt zwölf Stationen des 2011 ausgearbeiteten Energie-Rundwegs, auf dem jedes Objekt exemplarisch seinen Beitrag für den Klimaschutz leistet. Hier geht es um die drei »E«: Energie sparen, Energieeffizienz und erneuerbare Energien. Der Weg lässt sich am besten per Rad oder zu Fuß erkunden, und so steht bei Besuchern der Themen-Tour ganz nebenbei auch ein »K« wie Kalorienverbrauch auf der Agenda. Wem käme das nicht entgegen?

Auftakt ist das in der Gasse Beim Nonnenhaus gelegene Nonnenhaus aus dem Jahr 1488, das seit 2008 durch optimale Wärmedämmung und denkmalgerechte Sanierung sogar den Planwert des Jahres-Wärmebedarfs für Neubauten deutlich unterschreitet. Dafür hagelte es für das »älteste Energiesparhaus Deutschlands« Auszeichnungen und Preise. Auch im Umweltzentrum Tübingen in der Kronenstraße spielten bei der umfassenden Renovierung Wärmedämmung und Denkmalschutz die maßgebliche Rolle. Ergebnis war eine Reduzierung des Energiebedarfs um rund 75 Prozent. Hier reiht sich auch die 1973 erbaute Aischbachschule ein, die mit neuen Türen und dreifachverglasten Fenstern, sparsamer Heizung und Beleuchtung einen Riesenschritt Richtung Energieeffizienz ging.

Campingplatz und Freibad punkten durch die Nutzung von Solarthermie-Anlagen zur Wassererwärmung, denn die damit erzielte Einsparung der Kohlenstoffdioxid-Emissionen ist enorm. Gleich nebenan sorgt die 2004 erbaute Paul-Horn-Arena als Multifunktionshalle mit ihrer im wahrsten Sinne des Wortes haushohen Solarfassade für Furore. 970 Photovoltaik-Module mit 20.000 Solarzellen zieren die Südwestseite des Meisterwerks moderner Architektur, das nicht nur Sport, Spiel und Spaß liefern kann, sondern auch jede Menge regenerative Energie.

Adresse Nonnenhaus, Beim Nonnenhaus 7, 72070 Tübingen; die weiteren Ziele und Adressen des Rundwegs sind der Broschüre »Energie-Rundweg durch Tübingen« zu entnehmen, Herausgeber: Stadt Tübingen, www.tuebingen.de | **Tipp** Warum nicht in der Campingklause auf »internationalem Terrain« eine Pause einlegen?

44___Das Epple-Haus
Symbol einer wilden Vergangenheit

Im Dunstkreis der 68er-Bewegung waren auch in Tübingen Hausbesetzungen kein Fremdwort. Viele Gebäude oder Plätze wurden besetzt, wenige jedoch mit dauerhaftem Erfolg. In der Karlstraße 13 hat es funktioniert.

Grund für die Besetzung war ein Brand am 17. April 1972 im Schwabenhaus, was unter den dort untergebrachten Jugendtreff zunächst einen Schlussstrich zog. Der Forderung nach einer vorübergehenden Ausweichlokalität schenkte die Stadt kein Gehör. Da half weder Demonstrieren noch die Stürmung des Gemeinderats. Viele der Jugendlichen hatten irgendwann die Faxen dicke und gingen am 24. Juni 1972 nach einem Konzert von »Ton Steine Scherben«, einer Ikone der linksalternativen Szene, nicht nach Hause. Stattdessen besetzten sie das leer stehende Haus in der Karlstraße 13. Misslich nur, dass das Gebäude nicht der Stadt, sondern der Kreissparkasse gehörte. Richtiger Krawall mit Polizeiaufgebot blieb aber dank Intervention des damaligen Oberbürgermeisters Hans Gmelin aus. Die Bank hegte ohnehin nur Abbruchpläne, und so konnte das Haus letzten Endes von der Stadt gekauft und an die künftigen Epplianer vermietet werden.

Der Kampf um Selbstverwaltung und kontrovers diskutierte Namensgebung zog sich dennoch bis 1978 hin. Dass man sich als Solidaritätsbekundung für den Namen Richard Epple entschieden hatte, empfanden manche Tübinger als Verspottung geltender Gesetze. Der damals 17-jährige Autofan wurde am 1. März 1972, einer Zeit von Links-Terrorismus und RAF-Hysterie, von der Polizei während seiner waghalsigen Flucht erschossen. Da ohne Führerschein, wollte er sich einer Verkehrskontrolle entziehen und trat auf das Gaspedal.

Auch wenn heute nach wie vor ein kritischer Geist durchs Epple-Haus zieht, sind die wildesten Zeiten Vergangenheit. Seine knallbunte Hingucker-Fassade trägt das Gebäude seit einer Graffiti-Aktion mehrerer Künstler im Rahmen des Ract Festivals 2006.

Adresse Epple-Haus, Karlstraße 13, 72072 Tübingen, Tel. 07071/32743, www.epplehaus.de | **Anfahrt** vom Hauptbahnhof in 2 Minuten zu Fuß erreichbar | **Öffnungszeiten** offenes Hausplenum Di ab 18.30 Uhr, Mo–So je nach Veranstaltungskalender | **Tipp** 1993 bekam Tübingen eine von Michail Koppalev und Stanislav Sevenko geschaffene Metallskulptur als Symbol für die Städtepartnerschaft zwischen Petrosawodsk in der Republik Karelien und Tübingen. Seitdem dümpelt das eigenwillige Kunstwerk am Ostufer des Anlagensees ein wenig selbstvergessen vor sich hin.

45__Floßkultour

Astreine Sache

Dass Ende Oktober 1899 das letzte Floß auf dem Neckar fuhr, lässt sich kaum mehr mit Fug und Recht behaupten: Im April 2012 legte ein neues Neckarfloß in Tübingen zu seiner Jungfernfahrt ab, allerdings unter gänzlich anderen Vorzeichen als anno dazumal.

Die Neckarflößerei war in früheren Zeiten ein wichtiges Thema. Zum einen ließen die Wegeverhältnisse im Mittelalter für Überlandtransporte von Langholz zu wünschen übrig, zum anderen war das nahe gelegene Waldgebiet Schönbuch nicht immer das, was es heute ist. Mit zunehmenden Bevölkerungszahlen war Waldfrevel aus Not oder Profitgier an der Tagesordnung, die Weidewirtschaft tat das Ihrige. So bezog sich 1797 die Schwärmerei des Dichterfürsten Goethe während seiner Stippvisite im Ländle lediglich auf einzeln stehende Eichen und die schöne Aussicht. Bauholz war rar. Da wurden sogar Häuser mitten im Schönbuch aus geflößtem Schwarzwaldholz gezimmert. Ein Merkmal geflößter Hölzer sind Wiedlöcher oder auch Floßaugen, die zum Zusammenbinden der Stämme dienten. Auch im historischen Zentrum Tübingens verdanken viele Gebäude ihr Balkenwerk der Lieferung über den Neckar. Insbesondere während der Errichtung der ersten Universitätsgebäude, der Stiftskirche und anderer Bauten hatten Flößer, in Tübingen »Jockele« genannt, alle Hände voll zu tun. Holz en masse wurde gebraucht, allein für die Alte Burse rund 460 Stämme. Durch Mechthild von der Pfalz vertraglich abgesichert, stand dem damaligen Bauboom nichts mehr im Wege.

Von der einstigen Neckarflößerei inspiriert, entstand im Team »Stocherkahn ViaVerde« die Idee, an die alte Tradition anzuknüpfen, und so fand die schwimmende Plattform beim Casino einen Anlegeplatz. Seither jagt ein Event das andere. Mit Platz für bis zu 22 Personen lassen sich auf dem Tübinger Floß Feste feiern, wie sie fallen: Ob Konzert, Zauberei oder Weinverkostung – hier geht fast alles.

Adresse Anlegestelle Neckarfloß, Wöhrdstraße 25, 72072 Tübingen, Tel. 07071/304827, www.neckarfloss.de | **ÖPNV** vom Bahnhof aus in wenigen Minuten zu Fuß erreichbar | **Öffnungszeiten** je nach Buchung und Programm | **Tipp** Die ehemalige Offiziersspeise-anstalt des Infanterieregiments von 1913 wurde 1945 von der französischen Garnison als Casino für Privilegierte übernommen. Was blieb, ist der Name. Heute als Restaurant mit gehobener Küche geführt, liegt es prominent nur ein paar Schritte von der Anlegestelle des Neckarfloßes entfernt (www.casino-am-neckar-tuebingen.de).

46_Die G91-Halle

Vorboten einer neuen Welt

Die untrennbar mit dem Namen Herbert Rösler und der Gruppe 91 verknüpfte Halle, eine einstige Panzerhalle der 1991 aufgelösten französischen Kaserne Quartier Desazars de Montgailhard im Südwesten der Stadt, bekam ein völlig neues Gesicht. Mit veränderter Fassadenform und in freundlichem Weiß schon von Weitem erkennbar, entwickelte sich die zunächst nur als Unterstellmöglichkeit gedachte Halle im Laufe der Jahre zu einer Ausstellungsgalerie mit außergewöhnlichem Flair, zu einer »Neuen Welt«, die 1998 ihre Pforten öffnete. Hier war der von Rösler geprägte, individuelle und vielseitige Kunststil zu bewundern, und »man konnte sagen Chadasch«.

Ein Leben in üblichen bürgerlichen Bahnen war dem 1924 in Stuttgart geborenen Rösler kaum beschieden. Die von Krieg, Krankheit und Karriere geprägten Jahre trieben seine Seele um. Es ging ihm um den Sinn des Lebens, um eine bessere Welt. In einer Nacht im September 1968 fanden seine Fragen eine Antwort, er hatte den Weg und seine Liebe zu Jesus von Nazareth gefunden.

Andere Suchende schlossen sich Rösler an, und so entstand die nach dem damaligen Kölner Stadtteil benannte Jesus-People-Gruppe 91, die immer wieder für Aufsehen sorgte. Mitte der 1970er Jahre übernahmen die Mitglieder einen Gutshof am Bodensee, in einer Zeit, als Röslers fruchtbares kreatives Schaffen alle denkbaren Richtungen umfasste. Neben Bildern und Plastiken entwarf er Mode, Möbel, Schmuck, Geschirr und Architektur. Verwurzeln durfte sich die Gruppe am Bodensee nicht. Auf der Suche nach einem neuen Ort schlug das Schicksal erneut und heftig zu. Rösler verlor bei einem Autounfall 1983 bis auf wenige Prozent sein Augenlicht.

Zehn Jahre nach Röslers Tod muss die G91-Halle nun wegen Bauschutzvorschriften geschlossen bleiben, ohnehin soll sie dem Straßenbau geopfert werden. Bislang steht sie noch und macht allein ihrer Fassade wegen neugierig auf Chadasch.

Adresse Reutlinger Straße 97, 72072 Tübingen, www.g91.eu | **ÖPNV** Bus 4, 7, 13, Haltestelle Aixer Straße; von hier durch den Tunnel auf die gegenüberliegende Seite der B 28 gehen | **Öffnungszeiten** derzeit nur von außen zu besichtigen | **Tipp** Nur etwa 100 Meter vor dem G91-Bau versteckt sich ein in die Jahre gekommenes Denkmal hinter Bäumen direkt vor einer kleinen Brücke. Gedacht wurde hiermit einer Olympia-Teilnahme, aber die Aufschrift »Groupe Sportif de Garnison Capitaine René Fombonne« gibt weder Ort oder Jahr noch Disziplin oder gar die Namen der Teilnehmer preis.

47__Der Gehörnte

Wo man ins Grübeln kommt

Wer einen gehörnten Propheten sehen möchte, braucht nicht weit zu gehen. Schon gar nicht bis ins ferne Rom, wo in der Kirche San Pietro in Vincoli eines der bedeutendsten Werke Michelangelos in weißem Carrara-Marmor glänzt. Erst nach dem Tod Papst Julius' II. wurde das Kenotaph vollendet, in dessen Zentrum die kolossale Moses-Skulptur in ihrer Perfektion unübertroffen scheint. Eines verbindet Michelangelos Meisterwerk und die vergleichsweise bescheidene, 1491 geschnitzte Figur des Moses am Chorgestühl der Stiftskirche in Tübingen aber doch. Beide sind unübersehbar gehörnt. Auch andere Moses-Skulpturen und -Gemälde landauf, landab teilen dieses Schicksal: Gehörnte Moses-Darstellungen gehen bis ins 12. Jahrhundert zurück.

Da stellt sich doch die Frage: »Warum bitte wurden dem biblischen Propheten, der einst die Israeliten aus Ägypten führte, Hörner aufgesetzt?« Teuflischer Frevel war es wohl kaum, Gut und Böse in einer Brust? Und dass Hörner laut dem Kunsthistoriker Franz-Joachim Verspohl »ein ikonografisches Äquivalent eines strahlenartigen Nimbus« seien, stellt auch nicht alle zufrieden. Dennoch zeigen Gemälde alter Meister nicht nur diese beide Varianten, sondern es kommt noch eine dritte hinzu, bei der weder Horn noch Lichterstrahl Moses krönen. Auch für Sigmund Freud war die Gestalt Moses' aus vielen Gründen von nachhaltiger Bedeutung. 1913 verbrachte er Stunden und Tage in der Kirche San Pietro vor Michelangelos Werk, wobei ihn bei aller Reflexion die Hörner überhaupt nicht interessierten.

Irgendwie plausibel hört sich die Erklärung aus der Sprachwissenschaft an. Da hat sich doch ein kleiner Übersetzungsfehler bei der Übertragung vom Hebräischen ins Lateinische eingeschlichen. Da wurde aus »keren – Strahl« ein »cornu – Horn«. Auch Maria könnte eine andere gewesen sein, denn aus der »alma – junge Frau« wurde im Griechischen eine »parthénos – Jungfrau«.

Adresse Holzmarkt 1, 72070 Tübingen | **ÖPNV** vom Bahnhof aus in wenigen Minuten zu Fuß erreichbar | **Öffnungszeiten** außer während der Gottesdienste, Konzerte oder Proben täglich 9–16 Uhr | **Tipp** Gegenüber der Stiftskirche erinnert das Hesse-Kabinett in den Räumen des Antiquariats Heckenhauer mit Dokumenten und Reproduktionen an den Nobelpreisträger Hermann Hesse. Genau hier trat der junge Hesse 1895 seine Lehre als Buchhändler an (www.tuebingen.de/hesse).

48 Das Gemeinschafts-kraftwerk

Anfeuern leicht gemacht

Von Anfang an waren bei der 1477 gegründeten Universität Tübingen vielerlei Rädchen im Getriebe der Wissensschmiede zum Gelingen gefragt. Denn allein mit Geisteskraft ist kein Universitätsbetrieb zu bewältigen, auch Alltägliches wollte erledigt sein. Die Pedellen hielt insbesondere der Winter auf Trab, mussten doch alle Öfen in den Räumen der Universität und des Klinikums mit immensem Aufwand beheizt werden. In den 1920er Jahren, die Zeichen standen auf Moderne und Innovation, bekam Oberbaurat Hans Daiber von der Stuttgarter Regierung den Auftrag, Pläne für den Bau eines Fernheizwerkes und einer Waschhalle zu erstellen.

Als Absolvent der »Stuttgarter Schule«, die der Neuen Sachlichkeit mit ihrer reduzierten Formensprache eher kritisch gegenüberstand, setzte sich Daiber bei der Planung des Fernheizwerks dennoch mit der Ästhetik des Bauhaus-Stils als Basis seiner Konzeption auseinander. Typisch kubische Architekturformen, bestimmt von nüchterner Geometrie und klaren Proportionen, wurden in schlichter Klinkerbauweise realisiert und fassten je nach Funktion strukturierte Gebäudeteile zu einem zweckdienlichen Komplex zusammen. Als markantes Fassadendesign dominieren hohe, schmale Fenster in gleichmäßigen Abständen die rechtwinklige Linienführung. Demgegenüber setzen kleine runde und halbrunde Fenster einen optischen Spannungsbogen, der dem heute denkmalgeschützten technischen Bauwerk einmal mehr seine Bedeutung als Einheit von Baukunst und Funktion verleiht.

Einem Paukenschlag der Moderne gleich sorgte dann 1929 die Inbetriebnahme des Fernheizwerks in der Brunnenstraße für Furore. Jetzt konnten weiträumig mehrere Gebäude über eine zentrale Wärmeerzeugung beheizt werden. Dank mehrfacher Sanierung der Turbinen konnte die drohende Stilllegung in den 1980er Jahren durch eine Kooperation Tübinger Energieanbieter abgewendet werden.

Adresse Brunnenstraße 15, 72074 Tübingen | **ÖPNV** diverse Busse, Haltestelle Wilhelmstraße | **Öffnungszeiten** nur von außen zu besichtigen | **Tipp** In der alten Universitätsbibliothek gibt die Grafische Sammlung mit Bildern aus der Zeit vom 15. Jahrhundert bis in die Gegenwart Kunstinteressierten spannende Einblicke (Wilhelmstraße 32, 72076 Tübingen, Mi 11 – 12 und 14 – 17 Uhr).

49 Der geografische Mittelpunkt

Es kommt immer auf die Perspektive an

Das kleine Waldgebiet im Norden Tübingens wurde von Dichtern der Schwäbischen Romantik um 1830 in Anlehnung an die griechische Mythologie liebevoll »Elysium« genannt.

1980 rückte die pittoreske »Insel der Seligen« in den Fokus des Stuttgarter Landesvermessungsamtes. Der Mittelpunkt Baden-Württembergs sollte ermittelt werden. Mit Hilfe der Gauß'schen Flächenformel und Schwerpunkt-Berechnungsmethode ließ sich ein Punkt im Elysium errechnen, der fortan als Nabel des Ländles galt. Die Freude der Tübinger und der damaligen Steinmetzwerkstatt Krauß war groß, denn Letzterer flatterte ein Auftrag ins Haus, für den Mittelpunkt Baden-Württembergs eine adäquate Skulptur zu schaffen. Ein »Dreitonner« aus fränkisch-schwäbischem Muschelkalk in Form eines 1,20 Meter hohen Kegels mit einer Neigung von 11,5 Grad ziert seither den Weg im oberen Käsenbachtal. Zuwendung bekam das Fleckchen Erde 2002, just zum 50. Geburtstag des Bundeslandes. Für die ein Jahr zuvor von engagierten Tübingern gegründete Bürgerstiftung war die Verschönerung des bedeutsamen Ortes mit Sitzbank und Infotafel das Pilotprojekt.

Eine Mitte zu haben, war immer schon von Bedeutung. Und so traten plötzlich die Einwohner Böblingens auf den Plan. Seit Oktober 2015 verweist dort nach feierlicher Einweihung eine Hinweistafel in einem Wäldchen im südlichen Stadtgebiet auf den Mittelpunkt Baden-Württembergs. Nach anderer Berechnungsmethode als der Tübinger ließen Böblingens Stadtväter anhand des geodätischen Systems WGS 84, das sich am nördlichsten, südlichsten, westlichsten und östlichsten Punkt des Landes orientiert, die »goldene Mitte« ausfindig machen. Die unklare Grenzziehung im Bodensee blieb dabei unberücksichtigt. Je nach Methode und Koordinaten ließen sich sicher auch noch andere Mittelpunkte finden …

Adresse Käsenbachtal, 72076 Tübingen, Koordinaten 48.537762, 9.041139 | **ÖPNV** Bus 5, 13, 17, Haltestelle Beethovenweg; von hier aus Richtung Süden ins Käsenbachtal, Fußweg 10 Minuten | **Tipp** Etwa 150 Meter südlich des Mittelpunkts versteckt sich im Käsenbachtal der kleine »Tübinger Wasserfall«.

50__Die Glocke

Inspiration für den Dichterfürsten – Glocke in »b«

Schön ist sie, alt und laut. Schließlich trägt sie die Inschrift: »Christian Ludwig Neubert goss mich in Ludwigsburg anno 1763«. Zusätzlich mit Darstellungen von Fruchtgirlanden verziert, bringt es die 67 Zentimeter hohe Glocke mit einem Durchmesser von 86 Zentimetern auf ein Gewicht von 400 Kilogramm.

197 Jahre lang war ihr Glockenton in der evangelischen Sankt-Peters-Kirche in Dußlingen zu hören. Als 1960 aber die Kirche ein neues Geläut bekam, kaufte die Stadt Tübingen das gute Stück. Neun Jahre später fand es in der damals eröffneten Aussegnungshalle des Bergfriedhofs erneut Verwendung.

Neubert führte als Meister seines Fachs nur einen Katzensprung vom Wohnhaus der 1766 nach Ludwigsburg zugezogenen Familie Schiller entfernt seine Werkstatt. Friedrich Schiller drückte damals mit Neuberts Sohn Georg Friderich nicht nur die Bank in der Lateinschule. Als Kameraden steckten sie ihre Nasen hin und wieder gerne in die Neubert'sche Glockengießerei. Wenn man so will, der Auftakt zu Schillers Glocke. Auch dem Motto seines 1799 veröffentlichten und längsten Gedichts »Vivos voco, mortuos plango, fulgura frango« begegnete Schiller vermutlich in dieser Zeit, denn Vater Neubert war diese Inschrift der damaligen Münsterglocke in Schaffhausen aus seinen Lehrjahren bekannt.

Von dem schweißtreibenden Handwerk, Arbeitsabläufen und der Nutzung der Elemente nachhaltig beeindruckt, ließ Schillers Interesse an der Glockengießerei auch im späteren Leben nicht nach. 1788 zog es ihn nach Rudolstadt. Zum einen lernte er hier bei der Familie von Lengefeld seine spätere Frau Charlotte kennen, zum anderen hatte er Gelegenheit, die damals vor den Toren der Stadt ansässige Gießerei Mayer zu besuchen. Mehrmals sei er hier gewesen, heißt es, wissbegierig und nicht gerade zur Freude des Gussmeisters, der den blassen Gelehrten aber ob seiner Rücksichtnahme gegenüber den Arbeitern gewähren ließ.

Adresse Bergfriedhof, Galgenbergstraße, 72072 Tübingen | **ÖPNV** Bus 8, Haltestelle Bergfriedhof West | **Tipp** Ein Rundgang über den parkähnlichen Friedhof führt an zahlreichen Gräbern einstiger Geistesgrößen aus Wissenschaft, Politik und Kunst vorbei.

51 Die Goethetafel

Hier kotzte Goethe

Tübingens Altstadt zu durchqueren, ohne Häuser, Wissensschmieden oder Wirkungsstätten großer Dichter und Denker der Vergangenheit zu streifen, scheint ein Ding der Unmöglichkeit. Neben einigen stillen und vergessenen Gemäuern kommen andere dagegen ganz groß raus. Zudem wird gerne auch jener gedacht, die kaum mehr als eine Stippvisite in der malerischen Stadt am Neckar machten: allen voran eines der größten Repräsentanten deutscher Literatur, des Dichterfürsten Johann Wolfgang von Goethe.

Im September 1797 weilte er gerade einmal zehn Tage in Tübingen, malerisch fand er es nicht. Warum auch? Fachwerkhäuser in engen, muffligen, ein wenig krummen Gassen waren zu seinen Zeiten nichts Besonderes. Stiftskirche und Schloss konnte er etwas mehr abgewinnen, doch am meisten schätzte er die Umgebung.

Kaum war Goethe da, war er auch schon wieder weg, nicht ahnend, dass er so viele Spuren in der Stadt hinterlassen würde. Ein paar sind nur noch Geschichte, wie der Garten des Mediziners Gottfried Ploucquet. Doch abgesehen von den würdevollen Büsten in der Neuen Aula und am Bonatzbau gibt es auch noch die Goethestraße nördlich der Altstadt und das Goethehäuschen auf dem Schlossberg. Ein Goethe-Zitat ziert den Alten Schlachthof, und dass das Haus seines damaligen Gastgebers, des Verlegers Johann Friedrich Cotta, in der Münzgasse 15 eine Gedenktafel trägt, ist selbstverständlich Pflicht. Der seit einigen Jahren im Erdgeschoss des Cottahauses untergebrachte Laden »Klassische Münzen« wirbt mit folgenden Worten: »Hier kaufte Goethe seine Münzen, lebte er noch.«

Gleich daneben sollte man den Kopf nach oben wenden, denn das Beste kommt zum Schluss: Seit den 1980er Jahren steht hier auf einer Tafel am Martinianum als »inoffizieller« Beitrag zum Dichterfürsten-Hype: »Hier kotzte Goethe« – ursprünglich auf einem krummen Brettchen aus Holz, heute als Gravur auf edlem Marmor.

Adresse Münzgasse 13, 72070 Tübingen | **ÖPNV** vom Hauptbahnhof in 10 Minuten zu Fuß erreichbar | **Tipp** Ein ganz besonderes Stück Geschichte verbirgt sich im 1515 eingerichteten Karzer in der Münzgasse 20. Die Arrestzelle mit Wandmalereien gilt deutschlandweit als die älteste noch erhaltene ihrer Art. Derzeit ist der Karzer nicht zu besichtigen.

52__Das Goethehäuschen

Idyllisch, schön und »aussichtsreich«

Zehn Tage weilte der deutsche Dichterfürst im September 1797 bei seinem Verleger Johann Friedrich Cotta in Tübingen. Goethe ließ es sich gut gehen, lernte angesehene Bürger kennen und fand Gefallen an der Umgebung. Tübingen selbst kam nicht so glimpflich davon. »Die Stadt ist abscheulich«, schrieb er nach wenigen Tagen an seine spätere Ehefrau Christiane Vulpius, »allein man darf nur wenige Schritte tun, um die schönste Gegend zu sehen«.

Dazu bot sich schon am ersten Abend Gelegenheit, als Goethe gemeinsam mit Cotta und dem Apotheker Christian Gottlieb Gmelin über den Schlossberg »ausspazierte«. Gmelins dortiges achteckiges Gartenhäuschen in wahrlich erhabener Lage beeindruckte Goethe durch die wunderbare Aussicht auf das Neckartal zur einen und das Ammertal zur anderen Seite. Ob neben guter Konversation auch ein guter Tropfen Rebensaft den Abend versüßte – wer weiß?

Mitte des 20. Jahrhunderts bewahrte Goethes einstiger Besuch das Gartenhaus vor Verkauf und Abbruch. Baumaßnahmen gab es dennoch, denn als 1870 der Lamm-Wirt Friedrich Baya das »Stückle« auf dem Burgholz kaufte, ließ er das Häuschen, warum auch immer, mit unübersehbaren Zinnen bekrönen. Nicht von jedermann bejubelt, thronte hier anstelle eines Gartens für Jahrzehnte eine »kleine Ritterburg«. Richtig heikel wurde es 1957, als ein Stuttgarter Fabrikant das Anwesen erwerben wollte. Das Goethehäuschen stand auf dem Spiel. Glücklicherweise flossen aber Gelder der Stadt, und dank einer üppigen Spende des Fabrikanten Paul Zanker blieb alles in Tübinger Händen. 1961 war es im Zuge einer Grundsanierung mit der Spielzeugburg vorbei. Das Fachwerk wurde wieder freigelegt, die alte Steintreppe durch eine nicht gerade hübsche Metalltreppe ersetzt und die Stube gemütlich eingerichtet. Erst später unter Denkmalschutz gestellt, trotzt das Goethehäuschen heute zwischen modernen Gebäuden dem Lauf der Zeit.

Adresse Schlossbergstraße, 72070 Tübingen | **ÖPNV** Bus 9, Haltestelle Burgholzweg | **Öffnungszeiten** nur von außen zu besichtigen | **Tipp** Vom Goethehäuschen stadtauswärts ist in wenigen Fußminuten der mächtige, 1907 nach Wilhelm Kreis' Entwurf »Götterdämmerung« erbaute Bismarckturm zu erreichen.

53__Das Haus des Attentäters
Wo Ideen Schicksal schrieben

Zwischen Aufklärungstheologie und preußischem Patriotismus wohlbehütet herangewachsen, erlebte Carl Ludwig Sand im Herbst 1806 als Folge der Koalitionskriege den Einmarsch der Franzosen. Durch den Frieden von Tilsit wurde seine Heimat im heutigen Oberfranken an Frankreich abgetreten. Von da an ging es wirtschaftlich steil bergab. Das bekam auch Familie Sand zu spüren.

Trotzdem ging der junge Sand seinen Weg, schrieb sich 1814 an der Universität Tübingen ein, bezog eine Stube in der Neckargasse 14 und trat dem kurz zuvor gegründeten Corps Teutonia bei. In Tübingen blieb er nur wenige Monate, denn im März des Folgejahres kehrte Napoleon aus der Verbannung auf Elba zurück. Für Sand Grund genug, als Kadett mit einem Freiwilligen Jägerkorps gegen Frankreich zu ziehen. Doch Napoleon zwangen andere in der Schlacht bei Waterloo endgültig in die Knie.

Nach der Rückkehr setzte Sand sein Studium der evangelischen Theologie in Erlangen und Jena fort, wo er, stets von der Idee eines deutschen Nationalstaates mit eigener Verfassung getrieben, 1818 in den radikalen Zirkel der Jenaer Burschenschaft aufgenommen wurde.

Ein Jahr zuvor schon waren vor seinen Augen beim Eisenacher Wartburgfest viele Bücher in Flammen aufgegangen. Auch Werke des Dichters August von Kotzebue waren darunter, dessen Schriften allen national eingestellten Studenten ein Dorn im Auge waren. Kotzebue verteidigte Adel und Fürstenherrschaft, stellte sich gegen freiheitliche Ideen und schüttete seinen Spott über Andersdenkenden aus. Für Sand war er als zynischer Kritiker der Burschenschaften ein Landesverräter, der Moral und alles Richtige verhöhnte. Der ehemalige Generalkonsul des konservativen Zarenreichs hatte für Sand den Tod verdient. Am 23. März 1819 erstach er Kotzebue, für ihn eine sittlich gerechtfertigte Tat, die als erstes politisches Attentat der Neuzeit in die Geschichte einging.

Adresse Neckargasse 14, 72070 Tübingen | **ÖPNV** ab Hauptbahnhof in wenigen Minuten zu Fuß erreichbar | **Öffnungszeiten** Das Gebäude ist von außen zu besichtigen. | **Tipp** Bis zur Verlegung der Pulvermühle vor die Tore der Stadt wohnte der Pulvermacher in der heutigen Neckargasse 25. Die Mühle stand draußen vor der Stadtmauer, und sein innerhalb der Mauer gelegenes Wohnhaus grenzte direkt daran an. Um den Weg zur Mühle zu verkürzen, hatte der Pulvermacher das Privileg einer eigenen Tür direkt in der Mauer.

54__Das Haus des Tanzmeisters

French Connection zum Sonnenkönig

Pas de bourrée, Messieurs: Der Tanzmeister Charles Dumanoir bereitete seine Zöglinge am Collegium illustre, zwischen 1596 und 1688 die Ritterakademie im heutigen Wilhelmsstift, auch mit dem Einstudieren galanter Tanzschritte auf das Leben vor.

Für Dumanoir war es zum Collegium nur ein Katzensprung, denn er wohnte in der oberen Neckargasse im Haus Nummer 2 – eine Wohnlage, die sich damals sehen lassen konnte. Seinen Turmerker mit südländischem Flair, der wie ein eigenständiges Bauwerk scheint, erhielt das 1584 erbaute Haus erst Ende des 19. Jahrhunderts. Der württembergische Hofdekorationsmaler Carl Robert Haag, Schwiegersohn des damaligen Eigentümers Heinrich Rupff, hantierte hier großzügig und gekonnt mit Form und Farbe.

Dumanoir hatte schon 1647 mit gerade einmal 18 Jahren seiner Heimatstadt Paris den Rücken gekehrt und unterrichte zunächst bei Hofe. Einige Jahre später kam er ins Neckar-Idyll, heiratete die Bürgermeisterstochter Ursula Springer und widmete sich, kaum älter als seine Schüler, fortan der Ausbildung der jungen Herren aus gutem Hause. Tanzen war sein Leben, und so gab er zusätzlich Privatunterricht. Da herrschte, dem Zeitgeist entsprechend, barockes Flair à la française auf den Tanzböden der Stadt. Seinen Erfolg als Tanzmeister verdankte er, so wurde gemunkelt, auch den Verbindungen zum französischen Königshaus. Für den heißen Draht zum Sonnenkönig war sein Bruder Guillome Dumanoir verantwortlich, der als Violinist, Komponist und gleichfalls Tanzmeister eine freundschaftliche Beziehung zu Ludwig XIV. pflegte. Das traf sich gut, denn der König liebte das Ballett, und das nicht nur als Zuschauer. Er tanzte selbst, gab Aufführungen und erhielt so letzten Endes seinen Beinamen. Schließlich hatte er, gerade einmal 14 Jahre alt, im »Ballet Royal de la Nuit« den Part der aufgehenden Sonne getanzt. Guillome war es, der ihn damals unterrichtete.

Adresse Neckargasse 2, 72070 Tübingen | **ÖPNV** ab Hauptbahnhof in wenigen Minuten zu Fuß erreichbar | **Öffnungszeiten** Das Gebäude ist von außen zu besichtigen. | **Tipp** Schräg gegenüber in der heutigen Hausnummer 3 wohnte im 15. Jahrhundert der Gelehrte Johannes Vergenhans alias Johannes Nauclerus. Als Vertrauter von Graf Eberhard im Bart war er nach der Universitätsgründung 1477 deren erster Rektor und späterer Kanzler. Bekannt wurde er der Nachwelt aufgrund seiner 1516 posthum veröffentlichten Weltchronik.

55 Die Jakob-van-Hoddis-Staffel

Ein »Treppenwitz« der Geschichte

Besser spät als nie: Auf Beschluss des Tübinger Gemeinderats bekam die Treppe an der Rümelinstraße hinauf zur Osianderstraße im Februar 1992 einen neuen Namen. Seither heißt sie Jakob-van-Hoddis-Staffel. Damit sind Erinnerungen an den vorherigen Namensgeber Robert Eugen Gaupp passé. Als ehemaliger Psychiater, Neurologe und Vorstand der Tübinger Universitätsnervenklinik war er durch seine Arbeit an der Wegbereitung der nationalsozialistischen Rassenideologie beteiligt. Von dem 1953 im Alter von 83 Jahren verstorbenen Gaupp wäre die Umbenennung wohl kaum bejubelt worden, denn van Hoddis mit dem Geburtsnamen Hans Davidsohn war Jude, Lyriker und während der Zeit Gaupps auch Patient in der Nervenklinik.

Sein Schicksal mag ein wenig an Hölderlin erinnern, der 100 Jahre zuvor wie van Hoddis in seiner eigenen, anderen, verschlossenen Welt lebte. 1887 in Berlin geboren, hatte van Hoddis sich schon in jungen Jahren mit der Dichtkunst befasst. Während Schulzeit und Studium erwies er sich als auffallend klug und faul gleichermaßen. 1911 wurde er wegen »Unfleißes« tatsächlich zwangsexmatrikuliert, genau in dem Jahr, als er mit seinem Gedicht »Weltende« den Grundstein des Frühexpressionismus legte. Kritiker schätzten seine Werke genauso wie Künstler- und Literaturkreise, allen voran Dadaisten und Surrealisten.

Ab 1912 zeigten sich Anzeichen einer Psychose, womit eine Odyssee zwischen Heilanstalten und Flucht begann. Auch wenn sein Werk Anklang fand, um ihn selbst war es nicht gut bestellt. Zwischen 1922 und 1926 übernahm die damals in der Wilhelmstraße 25 ansässige Familie des Gastwirts Dieterle seine Pflege. Weitere Klinikaufenthalte folgten, bis er 1933 in die »Israelitische Heil- und Pflegeanstalt« bei Koblenz eingewiesen wurde. 1942 von dort nach Polen deportiert, endete sein Leben im Sommer desselben Jahres vermutlich in Sobibór.

Adresse schräg gegenüber der Rümelinstraße 2 auf der rechten Seite des Parkhauses König, 72070 Tübingen | **ÖPNV** diverse Busse, Haltestelle Rümelinstraße | **Tipp** Im Alten Botanischen Garten trotzt seit 1881 als hellenisch idealisiertes Marmorstandbild Hölderlin fast unversehrt der Zeit. Nur sein rechter Arm war gleich zweimal Ziel von Vandalismus, und so beließ man ihn schließlich armlos.

56___Der Kartoffelladen
Die Mischung macht's

Elise ist immer blau. Die »Eltern« Baltica und La Ratte kümmert das wenig, und wenn sich das junge Gemüse auf Achse macht, kräht kein Hahn danach. Selbst von Tübingen hat sie sich schon ein Stück erobert: klein, eckig und aus Holz. Hier liegt sie mit ihrer glatten »Haut« und ihren flachen Augen herum und genießt die Gesellschaft ihrer Freundinnen. Annabelle, fast genauso jung wie sie, hat sich im Ländle schon wahnsinnig beliebt gemacht, und die deutlich ältere Sieglinde heimste 2010 sogar Preise ein. Damit ist sie aber nicht allein, denn die liebevoll Bamberger Hörnchen genannte Kollegin wurde schon zwei Jahre zuvor mit Auszeichnungen gekürt. Obwohl sie bereits seit 1870 bekannt ist, hält sie ganz in Rosa der jungen Konkurrenz locker stand. Selbst die tief liegenden Augen tun ihrer Attraktivität keinen Abbruch: Ziemlich appetitlich sind sie alle.

Und langweilig wird es nie, auch nicht am Sonntag, wenn der Kartoffelladen von Werner Tress geschlossen bleibt. Schließlich gibt es für alle, ungeachtet der Augenlage, einiges zu sehen. Da hängen Gartengeräte von der Decke, Gießkannen stehen neben Gummistiefeln, und erlesenes Werkzeug für den Gartenbedarf ist dekorativ arrangiert. Nur die Qualitätsmesser, die edelsten in Vitrinen, lösen ein wenig Unbehagen aus. Unter der Woche ist es noch spannender, wenngleich mit gewissem Risiko verbunden. Da kommt es schon häufiger vor, dass ein paar Freundinnen, hübsch in Papiertüten verpackt, für immer den Laden verlassen. Ein Trost: Es kommen fortwährend neue nach, manche aus der Gegend und manche sogar von ganz weit her.

Als ausgebildeter Gärtner hat Tress an alles und noch mehr gedacht. Vor dem Laden lassen sich vom Mössinger Stadtgärtner Dieter Felger gezüchtete Blumensamenmischungen am Automaten ziehen. Da kann man sich selbst nachts um drei der Qual der Wahl zwischen Blütenreich, Bienensommer, Farbe in Grün oder Mohnwiese stellen.

Adresse Kartoffeln & Feine Werkzeuge, Metzgergasse 11, 72070 Tübingen | **ÖPNV** vom Hauptbahnhof aus zu Fuß in 10 Minuten erreichbar | **Öffnungszeiten** Mo–Fr 10–18 Uhr, Sa 10–16 Uhr | **Tipp** Ein paar Häuser weiter wird Kunst großgeschrieben. Der Künstlerbund Tübingen e. V. in der Metzgergasse 3 zeigt in seiner Galerie ganzjährig wechselnde Einzel- und Gruppenausstellungen (www.kuenstlerbund-tuebingen.de).

57_Der Kettensäger

Klotzen statt kleckern

Nur nicht ins Grübeln kommen: Warum sich aus einem Stamm Pappelholz eine Jesusfigur sägen lässt, derselbe Stamm bei Maria Magdalena aber in der Mitte bricht, warum Autofahrer einer »trampenden Holzfrau« mit gefälligen Proportionen wegen in die Bremsen treten – diese und andere Geschichten über viele seiner meist lebensgroßen Figuren weiß Holzbildhauer Manfred Martin mit Humor zu erzählen. Für einiges gibt es eine Erklärung, für anderes nicht. Das Pappelholz stammte von einem Baum, in den ein Blitz eingeschlagen hatte. Deshalb war das Holz nicht durchgehend von derselben Qualität. Die Tramperin mit hellem Sommerkleidchen, nun ja, wurde vermutlich während der dunklen Abendstunden eines Herbsttages als nicht ganz so hölzern wahrgenommen.

Für den Richtungswechsel im Schaffensprozess des Künstlers, der sich exakt auf den 9. Januar 1989 datieren lässt, gibt es dagegen eine nicht wirklich rationale Erklärung. Bis dahin arbeitete er mit Messern und Bildhauereisen, mit Raspeln und Feilen, wodurch weiche, glatte Formen entstanden. An besagtem Datum aber entdeckte Martin in seiner Werkstatt eine Figur mit menschlichen Zügen – ohne Zweifel eine seiner eigenen Skulpturen, die ihm ein unmissverständliches Zeichen gab: Wie der Pappelbaum vom Blitz getroffen, wurde ihm mit einem Schlag bewusst, dass solche Skulpturen lebensgroß mit Kettensäge gemacht und bemalt werden müssen. Gesagt, getan, die Idee nahm im wahrsten Sinn des Wortes Formen an. Zeitnah folgte eine Einladung nach Maulbronn, wo Martin während eines Symposiums in nur einer Woche drei seiner ersten großen Figuren ausschließlich mit Kettensäge fertigte. Sein neuer expressiver Stil war geboren, der ihn seither nicht mehr losgelassen hat. Wenn am Kelterweg zwischen Wald und Streuobstwiesen eine Kettensäge heult, dann arbeitet Martin in seiner Open-Air-Werkstatt am Hang des Galgenbergs für internationale Kunden.

Adresse Hechinger Straße 203, 72072 Tübingen, Open-Air-Werkstatt, Kelterweg, www.manfredmartin.com | **ÖPNV** Bus 3, 5, Haltestelle Fuchsstraße | **Öffnungszeiten** nach Absprache, Tel. 0173/2302882 | **Tipp** Vor allem im Sommer ist der Waldbiergarten des Sudhauses ein angenehmer Zwischenstopp (www.sudhaus-tuebingen.de).

58__Die Klangkörper
Von Tuten und Blasen

Als Holzblasinstrumentenbauer lernt man nie aus. Das wurde früher genauso wie heute Anfängern des Fachs eingebläut. Zu Recht, denn einfach ist das Handwerk nicht. Kraft neben Fingerspitzengefühl, Fachwissen neben musikalischem Gehör und Kreativität sind hier allemal gefragt. Und wenn man einmal mehr den Satz »Der Ton macht die Musik« bemühen möchte, dann bekommt das aus Sicht eines Holzblasinstrumentenbauers zusätzliche Tragweite. Ein falsch gebohrtes Tonloch, eine falsch platzierte Klappe, da wäre selbst der genialste Virtuose beim Ringen um reine Töne verloren: Katzenjammer statt akustischer Erquickung. Umso mehr Wertschätzung verdienen historische Instrumente, die in einer Zeit entstanden, als technische Raffinessen weniger ausgereift waren als heute.

Im Musikwissenschaftlichen Institut hütet Tübingen einen Schatz, der als eine der bedeutendsten historischen Instrumentensammlungen Deutschlands mit 170 Exponaten die Entwicklung des Holz- und Blechblasinstrumentenbaus des 19. Jahrhunderts im Kontext der Veränderungen des modernen Sinfonieorchesters vollständig dokumentiert. Die Organologie als Fachbereich der Musikwissenschaft findet in der Sammlung genauso optimale Studiengrundlagen wie die Instrumentationslehre. Für das Musikwissenschaftliche Institut der Universität Tübingen geht die Bedeutung des Bestands fraglos über die Bewunderung der edlen und teilweise seltenen Objekte hinaus, darunter ein Heckelphon, eine Querflöte aus Elfenbein, ein Tarogato und andere Raritäten. Dabei nennt das Institut nur einen Teil der »Klangkörper« sein Eigen. Unzählige Stücke aus dem Bestand des 2005 verstorbenen Musikliebhabers Karl Ventzke haben die Sammlung als Schenkung oder Leihgabe wesentlich bereichert. Ob das so bleibt, steht in den Sternen, denn Ventzkes Familie kündigte erst jüngst den Vertrag. Hoffnung gibt allein das Vorkaufsrecht, aber da müsste ein Sparschwein schon exorbitant gefüllt sein.

Adresse Musikwissenschaftliches Institut, Schulberg 2, 72070 Tübingen | **ÖPNV** vom Hauptbahnhof aus zu Fuß in 10 Minuten erreichbar | **Öffnungszeiten** nach Vereinbarung unter Tel. 07071/2974021 | **Tipp** Das um 1471 errichtete Gebäude am Schulberg 10, heute ein verputztes Fachwerkhaus, beherbergte bis 1861 Tübingens Lateinschule »Schola anatolica« (östliche Schule). Viele bekannte Größen wie Ludwig Uhland, Wilhelm Hauff, Carlo Steeb oder Immanuel Carl Diez kamen hier in den Genuss von Bildung. Heute wird das Gebäude als Notariat genutzt.

59__Das Koranfragment

Wo Alter für Furore sorgt

Johann Gottfried Wetzstein, seines Zeichens Orientalist und Diplomat, vertrat zwischen 1849 und 1862 als erster preußischer Konsul in Damaskus nicht nur die politischen Interessen seiner Heimat, sondern setzte sich auch für die Förderung des Handels zwischen Syrien und Preußen ein. Was ihn 1849 veranlasst haben mag, auf eine Besoldung für seine Arbeit zu verzichten, war vermutlich schlicht eine Fehleinschätzung der Situation. So hatte er in Damaskus alle Hände voll zu tun, um seiner Stellung gerecht zu werden und gleichzeitig seine desolate finanzielle Situation zu verbessern.

Mit Haut und Haar Orientalist, hatte er sich, der semitischen Sprachen mächtig, dennoch Zeit für seine Studien genommen. Sein Forscherdrang führte ihn nach Syrien und Palästina, wo er eine beachtliche Sammlung orientalischer Handschriften zusammenstellen konnte. Teile davon verkaufte er an Universitäten in Berlin, Leipzig und Tübingen. Im Jahr 1862 waren es schon stolze 1.962 Einzelstücke, die Wetzstein als Koryphäe auf dem Gebiet arabischer Handschriften der Wissenschaft hatte zukommen lassen.

Auch Tübingen erwarb 1864 einen Teil seines Fundus, was den bisherigen literarischen und paläografischen Wert der Tübinger Universitätssammlung außerordentlich bereicherte. Wie sehr, kam erst viele Jahre später, 2014, ans Licht. Die wenigen Pergamente in kufischer Schrift, benannt nach der Stadt Kufa im heutigen Irak, gelten ohnehin als die ältesten kalligrafischen Formen des Arabischen.

Die Handschrift mit der Signatur Ma VI 165 allerdings, bis dahin ins 8. oder 9. Jahrhundert datiert, tanzte optisch ein wenig aus der Reihe. Nach Überprüfung mit naturwissenschaftlichen Methoden konnte ihre Entstehung tatsächlich in die Jahre zwischen 649 und 675 zurückdatiert werden. Damit wurde sie nur kurze Zeit nach 632 geschrieben, dem Todesjahr des Religionsstifters Mohammed.

Adresse Universitätsbibliothek Tübingen, Wilhelmstraße 32, 72074 Tübingen | **ÖPNV** Bus 1, 2, 3, 4, 6, 7, 17, Haltestelle Uni / Neue Aula | **Öffnungszeiten** Mo – Fr 8 – 24 Uhr, Sa, So 10 – 22 Uhr; je nach Fachbereich unterschiedlich (www.ub.uni-tuebingen.de); für Forschende ist das Pergament digitalisiert einsehbar | **Tipp** Zwischen Universitätsbibliothek und Hegelbau »schleppt« sich der Gralsucher, eine 2002 preisgekrönte und mehr als drei Meter große Bronzeskulptur von Anne-Katrin Altwein, über die Wiese. Einst war er ausgezogen, den heiligen Schatz zu finden.

60_ Kunst im Klinikum

Bis der Arzt kommt

Während der 1980er Jahre entwickelte sich in vielen Kliniken das Konzept der Kunst- und Kulturvermittlung – gedacht als Beitrag zur Verbesserung der Lebensqualität insbesondere für Patienten, die eine längere Zeit aus ihrem Alltag gerissen sind. Durch die Integration von bildender Kunst in und um Klinikareale ist das einstige Schreckensgespenst Hospital längst in die Vergangenheit verbannt.

Der Elan der Anfangsphase ist ein wenig auf der Strecke geblieben, das Engagement der UNESCO mit ihrer Kommission »Arts in Hospital« Schnee von gestern, und auch bei den Nachfolgern »MediArt« türmten sich mangels Konsens über das Verständnis von Kunst per se unüberwindliche Konflikte auf. Trotzdem hat sich auch ohne übergeordnetes Forum oder klinikeigene Kulturreferenten ein Imagewechsel durchgesetzt, und Kunstobjekte in Kliniken sind Standard geworden.

Einer der Ersten, der die Kunstszene in Tübinger Kliniken thematisierte, war Ende der 1990er Jahre Helmut Hornbogen als damaliger Kulturredakteur des Schwäbischen Tagblatts. Neben einer Artikelserie erschien seine Publikation »Kunstwanderungen im Klinikum«, in der sechs unterschiedliche Besichtigungstouren der damals aktuellen Ausstellungen beschrieben sind.

Heute pflegen alle Tübinger Kliniken Kunstpräsentationen verschiedener Qualität und Quantität. Fest installierte Kunstwerke sind Schenkungen oder aufgekaufte Objekte. Die Auswahl obliegt der Kunstkommission des Landes Baden-Württemberg. Dabei sind neben Dauer- auch Wechselausstellungen üblich, die, von klinikeigener Öffentlichkeitsarbeit organisiert, Künstlern, kunstschaffenden Mitarbeitern und Patienten Gelegenheit bieten, ihre Werke für einen bestimmten Zeitraum zu zeigen.

Neben passivem Kunstgenuss ist zudem Kunsttherapie in den Fokus gerückt. Im Tumorzentrum der Crona-Klinik gibt es beispielsweise eine eigens reservierte Wandfläche für Gemälde von Patienten.

Adresse Uni-Kliniken Tal: zwischen Rümelinstraße, 72074 Tübingen, und Gmelinstraße, 72076 Tübingen; Uni-Kliniken Berg: westlich der Schnarrenbergstraße, 72076 Tübingen | **ÖPNV** Uni-Kliniken Tal: Bus 5, Haltestelle Gmelinstraße; Uni-Kliniken Berg: Bus 13, Haltestelle Uni-Kliniken Berg | **Tipp** Eine 1898 errichtete zwölf Meter hohe Stahlkonstruktion bietet von ihrer oberen Plattform einen grandiosen Ausblick über die Schwäbische Alb. Südwestlich der Berufsgenossenschaftlichen Unfallklinik steht der Steinenbergturm auf einer Anhöhe rechts eines Spazierweges, der an Streuobstwiesen und »Stückle« vorbeiführt.

61 Der literarische Radweg

Wo sich die schreibende Zunft die Hände reichte

Was hat Literatur mit Radfahren zu tun? Eine Antwort gibt die Marbacher Arbeitsstelle für literarische Museen, Archive und Gedenkstätten in Baden-Württemberg mit ihrem Projekt »Per Pedal zur Poesie«. Auf bislang zehn Radwegen ist die Literaturgeschichte im Ländle auf ganz eigene Weise zu »erfahren«.

Der rund 50 Kilometer lange Radweg Nummer 6 beginnt in Tübingen – und wie könnte es anders sein – am Wahrzeichen der Stadt, dem malerisch am Neckarufer gelegenen Hölderlinturm. In einer bescheidenen Turmstube verbrachte der Dichterfürst, damals mit der Diagnose »unheilbar geistig verwirrt«, seine zweite Lebenshälfte. Eine Ausstellung dokumentiert hier sein Leben und Wirken.

Auf den Spuren Hölderlins führt der Weg hinauf zum 1536 von Herzog Ulrich gegründeten Evangelischen Stift, wo der Dichter sich zwischen 1788 und 1793 zeitweise ein Studierzimmer mit den Philosophen Hegel und Schelling teilte. Das Stift als Geistesschmiede für privilegierte Zöglinge brachte im Lauf der Jahrhunderte viele Gelehrte hervor. Auch spätere Größen der schreibenden Zunft wie Wilhelm Hauff, Wilhelm Waiblinger, Hermann Kurz, Eduard Mörike, Ludwig Uhland und Gustav Schwab hantierten hier während des 19. Jahrhunderts mit Griffel und Tinte. Führungen durch das Stift erhellen Facetten des damaligen Alltagslebens mit seinen Höhen und Tiefen.

Von hier aus führt der Weg entlang der Münzgasse bis zum ehemaligen 1659 von Johann Georg Cotta gegründeten Verlagshaus, in dem auch Hölderlins erste Gedichte herausgebracht wurden. Gerne erinnert man sich hier noch an die Besuche von Goethe und Schiller, deren Werke zwischen 1806 und 1867 exklusiv publiziert wurden. Im Martinianum direkt neben dem Cottahaus lebte während seiner Studienzeit der Mediziner und Schriftsteller Justinus Kerner, der mit Uhland und Schwab eine Freundschaft pflegte. Aus ihrem Umfeld ging die Schwäbische Dichterschule hervor.

Adresse Hölderlinturm, Bursagasse 6, 72070 Tübingen; Evangelisches Stift, Klosterberg 2, 72070 Tübingen | **Öffnungszeiten** Hölderlinturm Di–Fr 10–12 und 15–17 Uhr, Sa, So, Feiertage 14–17 Uhr (www.hoelderlin-gesellschaft.de); Evangelisches Stift Mo–Do 8–18 Uhr (im Semester Mo, Di bis 20.30 Uhr), Fr 8–16 Uhr, Sa 10–14 Uhr, So 14–18 Uhr (nur April–Okt.), www.evstift.de; eine Broschüre über weitere Etappen und Ziele des Literatur-radwegs mit Adressen und Öffnungszeiten ist online bestellbar, www.literaturland-bw.de | **Tipp** In der Alten Burse wurde zwischen 1806 und 1807 Hölderlin »therapiert«. Der lauschige, von großen Platanen beschattete Vorplatz mit Blick auf den Neckar dient auch modernen Dichtern und Denkern als ruhiger Ort der Inspiration.

62__Das Lotte-Zimmer-Denkmal

Da scheiden sich die Geister

Im Schatten der Platanen ziert direkt vor der Burse ein kompaktes Denkmal den öffentlichen Raum des Neckar-Idylls. Hier hat sich die Stadt ein modernes, wie für die Ewigkeit geschaffenes Kunstwerk gegönnt, doch auf den ersten Blick ist es kaum deutbar.

Anfangs wollte man den Populärsten aus der schwäbischen Dichterschar ehren, aber Hölderlin ist ja schon lange tot, und so fiel die Wahl auf Charlotte Zimmer. Das Loddle als gute Fee des geistig in unbekannte Sphären entrückten Dichterfürsten umsorgte ihn während seiner letzten fünf Lebensjahre im Hölderlinturm liebevoll. Eine erstaunliche Entscheidung, gar aufgeschlossen, möchte man meinen, denn wann wird schon der unscheinbaren Rädchen im großen Weltgeschehen gedacht? Und besser noch: In der kleinen Weltstadt Tübingen ist es immerhin das zweite Ehrenmal für eine Frau und vermutlich das einzige für eine Hausfrau weltweit.

Von der Idee bis zur feierlichen Enthüllung der Plastik ließen die Platanen allerdings mehr als einmal ihr Laub zu Boden fallen. Vieles wollte jenseits der eigentlichen Realisierung der Plastik diskutiert werden. Allein bei der Standortwahl wurde um ein paar Meter gefeilscht. Am 20. März 2011 war es endlich so weit. Kaum war das Denkmal enthüllt, begann sich auch schon in der Reihenfolge Tadel und Lob das Karussell der Kunstkritik zu drehen: Stimmen der Verständnislosigkeit und Häme versus tiefgründige Interpretation aus dem Reich poetischer Bildsprache und Ikonografie. Für Erstere ist als Wegweiser zumindest »Für Lotte« und »Hölderlin« eingraviert. Trotzdem war ein Disput losgetreten, bei dem Plastik wie Künstler vieles über sich ergehen lassen mussten: Ein Kuttereimer mit Stiel sei es, ein Phallussymbol oder Stinkefinger, summa summarum ein »Undenkmal«. Befürworter dagegen holten weit aus, öffneten andere Perspektiven und beriefen sich auf die Symbolik der Antike.

Adresse öffentlicher Platz gegenüber der Burse, Bursagasse, 72070 Tübingen | **ÖPNV** vom Hauptbahnhof in 10 Minuten zu Fuß erreichbar | **Tipp** Einen Katzensprung vom Lotte-Zimmer-Denkmal entfernt bieten Studierende des Evangelischen Stifts etwa einstündige Führungen durch Bereiche der historischen Anlage, die der Öffentlichkeit sonst verborgen bleiben. Anmeldung erforderlich unter Tel. 07071/5610 oder online (www.evstift.de).

63 Die Marmortafeln

Wo Kunst mit Füßen getreten wird

Während der Ära Lothar Späth zeigte sich die Konjunktur in Baden-Württemberg von ihrer rosaroten Seite, und so konnte und sollte die Kunst den Elfenbeinturm verlassen. »High Tech braucht High Culture« war das Motto, in dessen Kontext Kunst- und Kulturförderung einen nie da gewesenen Stellenwert zugeschrieben bekam. Kunstprojekte boomten, und die Landeskulturwochen 1986 mit der avantgardistischen Kunstaktion »Konfrontationen« gingen auch an Tübingen nicht vorbei. Neues im gewohnt historischen Stadtbild, Kunst im öffentlichen Raum – das fanden manche grandios, andere hingegen gar nicht. Die Überforderung mancher Bürger äußerte sich in Unverständnis oder gar in Vandalismus.

Unterstützt von der Schweizer Kulturstiftung Pro Helvetia, dem Deutsch-Französischen Kulturinstitut und dem Kulturamt waren elf prominente Künstler aus der französischen Schweiz geladen. Bloße Verzierung der Welt war gestern, jetzt sollte etwas anderes her, das Wirklichkeit und Wahrnehmung veränderte.

Das Künstlerehepaar Silvie und Chérif Defraoui, die 1974 als Pioniere der Videokunst an der Genfer Kunsthochschule das Atelier Mixed Media etablierten, setzten mit ihrer Arbeit weitreichende Impulse. In den 1980er Jahren rückte in ihren Werken auch das geschriebene, von ethnografischen Einflüssen geprägte Wort in den Fokus. In diese Phase fällt ihr heute kaum mehr beachteter Beitrag zu den Tübinger »Konfrontationen«. Drei mittlerweile gesprungene Marmorplatten auf dem Straßenpflaster an dem unspektakulären Ort zwischen Stadtbücherei und Parkhaus Stadtgraben tragen die Inschrift »Selbst im Regen verliert der Leopard seinen Flecken nicht« und heben die Identität eines jeden wie die der ganzen Stadt hervor. Ergänzende Tatzenabdrücke an der Hauswand des Türkischen Vereins sind lange schon übermalt. Eine unter ungeklärten Umständen Ende der 1980er Jahre abhandengekommene Platte wurde damals ersetzt.

Adresse Nonnengasse, vor der Stadtbücherei, 72070 Tübingen | **ÖPNV** diverse Busse, Haltestelle Wilhelmstraße, zu Fuß vom Bahnhof gut 10 Minuten | **Tipp** In der Nonnengasse 4 bietet das kleine Café Binder mit langer Kaffeehaus-Tradition den wohl winzigsten, aber dennoch angenehm lauschigen Gartenbereich.

64_ Mind Things

Wahrnehmung auf dem Prüfstein

Sinne lassen sich täuschen. Dass aus Wahrnehmungen falsche Schlüsse gezogen werden können, dass nicht alles ist, wie es scheint, hat vermutlich jeder schon einmal an »klassischen« Trugbildern erprobt. Warum aber Sinneseindrücke hin und wieder aufs Glatteis führen, gibt bis heute Rätsel auf.

In der aktuellen Sammlung des Museums der Universität Tübingen MUT zeigt das Psychologische Institut mit seiner Ausstellung »Mind|Things – Kopf|Sache« Erstaunliches wie Kurioses aus der Welt der Experimentalpsychologie. Instrumente, Geräte und andere Anschauungsobjekte verdeutlichen die Arbeit der vergangenen 100 Jahre. Viele dieser Exponate wurden eigens für Versuchsanordnungen in der feinmechanischen Werkstatt des Psychologischen Instituts angefertigt. Dabei war und ist das Forschungsgebiet breit angelegt. Fällt der Begriff Psychologie, werden meist kritische Lebenssituationen oder psychische Erkrankungen damit verbunden. Die Allgemeine Psychologie aber rückt Wahrnehmung an sich in den Fokus. Und unter diesem Gesichtspunkt sind die meisten der ausgestellten Apparaturen entstanden.

Zu den Klassikern zählt die 1834 erfundene Wundertrommel, die ähnlich dem Daumenkino durch eine Art Stroboskopeffekt Bewegungen vortäuscht, wo im Grunde nur einzelne fixe Bilder sind. Einzelne Illustrationen zieren das Innere der mit Sichtschlitzen versehenen Trommel. Wird sie gedreht, beginnen die Bilder durch die Schlitze betrachtet zu leben. Der Grund dafür liegt in der Trägheit des Sehens, denn bei einer bestimmten Geschwindigkeit sind Bilder nicht mehr einzeln auflösbar und werden als Bewegung wahrgenommen. Auch im »Ames'schen Raum«, der weder über rechtwinklige Ecken und Bodenfläche noch über gleich große Fenster verfügt, ist bei Betrachtung mit nur einem Auge aus einem bestimmten Winkel nicht alles, wie es scheint. Durch Erfahrungswerte aus Optik und Geometrie bringt allein das Gehirn alles ins Lot.

Adresse Psychologisches Institut, Schleichstraße 4, 72076 Tübingen, 1. Etage | ÖPNV
diverse Busse, Haltestelle Rümelinstraße | Öffnungszeiten Mo – Fr 8 – 18.30 Uhr | Tipp
Ob nach dieser Einsicht Verlass auf den Geschmackssinn ist, lässt sich recht angenehm
in der Kelter überprüfen. In dem gediegen-hippen Restaurant nur ein paar Minuten
zu Fuß vom Psychologischen Institut entfernt wartet appetitliches »Testmaterial«
(www.diekelter-tuebingen.de).

65 Mörikes Kegelbahn

Nudelnüchtern Kugeln schieben

Dort, wo seit dem späten Mittelalter die Schlossküferei nebst Schankwirtschaft das Bild der kopfsteingepflasterten Burgsteige prägte, ließ die 1832 gegründete Studentenverbindung Roigel 72 Jahre später auf den Grundmauern der Küferei ihre Feste bauen. Unter Regie der Stuttgarter Architekten Paul Schmohl und Georg Stähelin entstand ein prächtiges Gebäude, das sich am ehemaligen Fachwerkstil des Vorgängerbaus orientierte: veredelt mit Elementen des Jugendstils und ein wenig »Kunst am Bau«. Da zeigen Fassadenreliefs einen stoisch auf zwei tanzende Frösche blickenden Fuchs, ein Schwein umklammert einen großen Trinkbecher, und eine Katze hält schon in Vorfreude auf kulinarischen Genuss einen Fisch im Arm. Wer genau hinschaut, findet noch mehr.

Eine Dreingabe aus des Küfers Zeiten ist die historische Freiluftkegelbahn mit ihrer auf Stelzen thronenden kleinen Trinkstube Villa Rattenkull. Dem Stift so nah, stillten die Herren Studiosi hier gerne mehr als ihren Wissensdurst. Theologiestudenten hätten in besagtem »Oberstübchen« das Predigen geübt, wusste Hermann Kurz zu berichten. Auch Mörike schätzte den Zeitvertreib – so sehr, dass die Ballade »Des Schlossküpers Geister zu Tübingen« aus seiner Feder floss. Da verwandelten sich die Kegel auf einmal in acht »ganz charmante Leut aus der Zopf- und Puderzeit«. Dass hier Gespenster ihr Unwesen trieben, erfuhr ein Roigel namens Kull. Just als er sich in andere Sphären trank, hätten ihn plötzlich Myriaden von Ratten umzingelt.

Um den morsch gewordenen »Spielplatz« zu erhalten, rückten 2015 Denkmalamt und Handwerker an. Dabei stellte sich heraus, dass die Hölzer der Anlage im Jahr 1781 geschlagen und auf dem Neckar herangeflößt wurden. Als eine weitere Entdeckung entpuppten sich die mit dem Namen des Bildhauers Emil Kiemlen versehenen Gipsabdrücke der Tierreliefs im bislang verschlossenen Dachgeschoss der Trinkstube.

Adresse Burgsteige 20, 72070 Tübingen | **ÖPNV** vom Hauptbahnhof in 15 Minuten zu Fuß erreichbar | **Öffnungszeiten** Kegelbahn am Tag des offenen Denkmals und auf Anfrage zugänglich | **Tipp** Vis-à-vis dem Roigelhaus prunkt das zu Beginn des 17. Jahrhunderts erbaute, reich verzierte Untere Schlosstor im Stil der Renaissance als eines der schönsten Portale Süddeutschlands.

66 Die Mühlstraße

Fürs Städtle Berge versetzen

Schaurig soll es gewesen sein, denn im sumpfigen Ammertal versetzte ein mächtiger Lindwurm die Menschen des Mittelalters in Angst und Schrecken. Abhilfe versprach ein gigantisches Projekt, das dem Ungeheuer im wahrsten Sinne des Wortes das Wasser abgraben sollte. Gesagt, getan, aus der armen Landbevölkerung wurde ein ganzes Heer zu Frondiensten rekrutiert, das in der Tat zumindest teilweise einen Berg versetzte. Neben der Vertreibung des Lindwurms hatte man selbstredend einen besseren Schutz der Stadtanlage vor realen Feinden im Blick. Bis der mächtige Einschnitt zwischen Spitzberg und Österberg entstand, schufteten die Arbeiter zehn Jahre lang. Fortan floss die Ammer durch das handgemachte Tal in den Neckar, und gleich mehrere Mühlen entwickelten sich in der damaligen Zeit hier zu einem bedeutenden Wirtschaftsfaktor.

Mit der wachsenden Stadt Ende des 19. Jahrhunderts kam erstmals das Thema Verkehrsplanung auf den Tisch. Zwar war der Ausbau des Mühlgrabens nicht die favorisierte Version, aber 1882 kam nach einigem Drehen und Wenden die Sache ins Rollen. Von der Vorstellung, Tübingen könne sich mit dem Mühlgraben als richtiger Straße von einer Kleinstadt zu einer ansehnlichen Stadt emporschwingen, war man ziemlich angetan. Zwölf Meter breit sollte die künftig kürzeste Verbindung zwischen Universität und Bahnhof werden. Doch es gab vieles zu bedenken. Von der Neuanlage des Ammerkanals über im Weg stehende Gebäude bis hin zum Bau der Stützmauer, die der neuen Mühlstraße einen »großstädtischen« Anstrich geben sollte. Der Lindwurm war schon lange in Vergessenheit geraten. Vermutlich war er der Einzige, für den in modernen Zeiten die Attraktivität des Ortes verblasste.

Immer wieder einmal trieb seither die Schneise die Stadtväter um, und so behauptet sich die Mühlstraße mit ihrer historischen Stützmauer auch nach jüngsten Baumaßnahmen einmal mehr als Zierde der Stadt.

Adresse Mühlstraße, 72072 Tübingen | **ÖPNV** ab dem Hauptbahnhof in wenigen
Minuten zu Fuß erreichbar | **Tipp** An schwere Zeiten erinnert die »Hungertafel« aus dem
Jahr 1532 an der Stadtmauer auf der Westseite der oberen Mühlstraße. Eine Kopie davon
findet sich unter den Rathaus-Arkaden.

67__Die Natursteine

Wo sich Sprüche leichter klopfen lassen als Steine

»Das fängt ja gut an«, dürften sich Geschäftsführer Manuel Rongen und seine Mitarbeiter gedacht haben, als just in den ersten Tagen des Jahres 2016 der Tübinger Gemeinderat geschlossen für den Verbleib ihres Unternehmens an seinem Standort im Schindhau stimmte.

Das Hickhack hatte sich schon eine halbe Ewigkeit hingezogen, denn eine offizielle Genehmigung für den seit 1992 hier ansässigen Betrieb gab es nie. So flatterte immer mal wieder unerfreuliche Post vom Regierungspräsidium ins Haus. Eine Genehmigung könne nicht erteilt werden, sprich, das Areal müsse mittelfristig verlassen werden. Dabei ist der Natursteinpark mit dem Fokus auf Natursteinrecycling und angelegten Biotopen im Lauf der Jahre mit dem Gelände des ehemaligen französischen Munitionslagers fest verwachsen und verwurzelt. Einen neuen Standort zu finden erwies sich als nahezu unmöglich.

Bis heute von Erfolg begleitet, vereinen Konzeption und Philosophie des Unternehmens mehrere Aspekte wie Umwelt-, Klima- und Naturschutz, soziales Engagement und ökonomisch verantwortungsbewusstes Handeln. Secondhand schont ganz abgesehen vom kulturell-historischen Wert mancher Steine natürliche Ressourcen und entlastet Deponien. Treibhausemissionen fallen im Vergleich zur Bereitstellung neuer Steine deutlich geringer aus. Im Schindhau wird mit diesen Ideen Ernst gemacht: grüner Strom, Nutzung von Regenwasser, Verwendung von schnell biologisch abbaubarem Hydrauliköl. Die Liste ist lang. Arbeits- wie Ausbildungsplätze sind hier entstanden, auch für bislang vom Schicksal stiefmütterlich behandelte Menschen. Unter den Mitarbeitern ist die Unterstützung vieler sozialer Projekte selbstverständlich. Zudem finden Künstler hier eine Plattform zur Präsentation ihrer Werke. Und auch wenn das für Stuttgart-21-Gegner kein echter Trost ist: Ein kleiner Teil des Bahnhofs hat in Form von ein paar Steinen den Weg hierher gefunden.

Adresse Schindhau 2, 72072 Tübingen | **ÖPNV** Bus 8, Haltestelle Bergfriedhof Süd; Fußweg 10 Minuten | **Öffnungszeiten** Besichtigungen: täglich 7–22 Uhr; Beratung und Verkauf: Mo–Fr 7–18 Uhr, Okt.–März bis 17 Uhr, Sa 9–13 Uhr | **Tipp** In das Firmengelände wurde in Zusammenarbeit mit Studenten der Geowissenschaft ein geologischer Lehrpfad integriert.

68__ Die Neckarhalde 38

Tragen alle mehr, tragen alle weniger

Auf den Spuren von Dietrich Bonhoeffer sind in Tübingen das prächtige Igelhaus auf dem Schlossberg sowie die Neckarhalde 38 zwei Orte, an denen der junge Student der Theologie Anfang der 1920er Jahre oft zu finden war.

Dass Großmutter Julie in einer hübschen Wohnung in der Neckarhalde lebte und ihren Enkel Dietrich und dessen Schwester Christine aufnahm, kam ihm vermutlich zupass. Ganz in den Fußstapfen von Vater und Onkel schloss er sich, kaum in Tübingen, der akademischen Verbindung Igel an. Doch auch im vergleichsweise unkonventionellen Igelhaus drehte sich nach dem Ersten Weltkrieg der Wind. Für Bonhoeffer kein Hinderungsgrund, denn oben gab es Freunde und auch ein Klavier. Das waren immerhin zwei triftige Gründe. Freunde kannte er als hochbegabter Schüler aus seiner Gymnasialzeit kaum, und als Pianist war Musik seine Leidenschaft. Zum Igel war es von der Neckarhalde nicht weit, gerade einmal um die Ecke und nur die lange Treppe zum Schlossberg hinauf. Alltagsdinge waren für ihn in Tübingen auch keine Last, denn es gab ja die Großmutter. Und die Schwester, selbst im Studium, übernahm, wenn auch widerwillig, das Waschen und Bügeln. Sein Studium der Theologie beendete Bonhoeffer in Berlin, wo er 1927 mit summa cum laude promovierte.

Stets im Spannungsfeld zwischen Zweifel und Entschlossenheit, machte er sein Engagement für die Ökumene zu seinem zentralen Lebensthema. Die Staatsnähe deutscher Kirchen sah er mit Argwohn, insbesondere nach Hitlers Machtergreifung. Er vertrat die regimekritische Bekennende Kirche. Aus kirchlichem Widerstand, »nicht nur die Opfer unter dem Rad verbinden, sondern dem Rad selbst in die Speichen fallen«, wurde politischer Widerstand, den er am 9. April 1945 auf ausdrücklichen Wunsch Hitlers mit dem Tod bezahlte.

In der Neckarhalde 38 erinnert nichts an ihn, kein Hinweis, keine Tafel, selbst wenn man das Haus von allen Seiten betrachtet.

Adresse Neckarhalde 38, 72070 Tübingen | **ÖPNV** Bus 20, Haltestelle Neckarhalde, zu Fuß vom Bahnhof in 10 Minuten erreichbar | **Öffnungszeiten** Das bewohnte Gebäude ist von außen zu besichtigen. | **Tipp** Gleich schräg gegenüber in der Neckarhalde 33 wohnte Peter Weiss als zwölfjähriger Junge für einige Monate bei Onkel Eugen Authenrieth und Tante Emma. Familiäre Gründe hatten Peters Mutter dazu veranlasst, ihm Luftveränderung zu verordnen. Unter dem strengen Onkel eher Verbannung als Vergnügen, inspirierte ihn die Tübinger Zeit dennoch viele Jahre später zu seinem Werk »Hölderlin«, das das tradierte Hölderlin-Bild aus den Angeln hebt.

69__Das Neckarkraftwerk

Wo der Fluss zum Strom wird

Die Blaue Brücke wurde über die Eisenbahngleise gebaut, in der Eugenstraße die Eberhardskirche fertiggestellt und die Straße zwischen Tübingen, Dettenhausen und Waldenbuch bis Stuttgart freigegeben. Im Neckar fand man zufällig den 1841 vom Georgsbrunnen abgerissenen Torso der Brunnenfigur, und ein schweres Erdbeben bei Albstadt erschütterte auch Tübingen.

All das und noch viel mehr trug sich im Jahr 1911 zu, aber ein Ereignis war von besonderer Bedeutung: die Einweihung des Wasserkraftwerks – deutschlandweit eine der ersten Walzenwehreinrichtungen. Pläne zur Nutzung der Wasserkraft des Neckars hatte man schon 1847 geschmiedet. Diese allerdings schlummerten bis 1908 vor sich hin. Erst im Zuge der Neckarregulierung kam die Sache im Kontext des gestiegenen Energiebedarfs wieder auf den Tisch.

Mit dem Bau des Wehrs ließen sich gleich mehrere Fliegen mit einer Klappe schlagen. Das Neckarwasser wurde auf einer Länge von gut drei Kilometern in Bahnen gewiesen, hier ein wenig verbreitert, dort mit Seitenmauern beschränkt, um schließlich beim Neckarkraftwerk über eine gut vier Meter hohe Fallstufe wieder freigelassen zu werden. Nicht ohne zuvor zwei Zwillings-Francis-Turbinen samt Generatoren seine Kraft zu schenken. In den ersten Jahren konnte durch diese »Kooperation zwischen Technik und Natur« der Strombedarf der gesamten Stadt gedeckt werden. Gleichzeitig wurde das Schreckgespenst Hochwasser in die Schranken gewiesen, und durch die gestaute Wasserfläche entstand ein Revier für Boote und Stocherkähne. Schwere Zerstörungen durch Bomben im Jahr 1945 behob man in der Nachkriegszeit. In den 1990er Jahren hatten die Francis-Turbinen ausgedient und wurden durch Kaplan-Turbinen ersetzt. Für Fische ist es seit 1995 komfortabler, denn seither dürfen sie hier über eine Treppe »gehen«. Mittlerweile unter Denkmalschutz gestellt, kann das Werk rund 700 Haushalte mit Strom versorgen.

Adresse Brückenstraße, 72070 Tübingen | **ÖPNV** Bus 20 Richtung August-Bebel-Straße, Haltestelle Brückenstraße; vom Bahnhof zu Fuß in etwa 15 Minuten erreichbar | **Öffnungs-zeiten** von außen zu besichtigen; Führungen für interessierte Gruppen über die Stadtwerke Tübingen zu vereinbaren (www.swtue.de) | **Tipp** Während der Sommerzeit locken bei seichter Wasserhöhe einige Kiesbänke ein Stück hinter der Wehranlage Sonnenhungrige an. Baden sollte man hier aus Sicherheitsgründen in puncto Wasserqualität und Strömung allerdings nicht.

70__Die Neue Straße 1

Wo die Cuisine française Begehrlichkeiten weckte

Ein bisschen Heimat sollte es schon sein. Auch die französischen Besatzer wollten nach 1945 im fernen Tübingen nicht auf alles verzichten. Und dass Vertrautes wie gewohnte Gaumenfreuden die Truppenmoral heben kann, ist schlicht eine Binsenweisheit. Schon während des Ersten Weltkriegs hatte sich das bewährt, denn der Franzose als solcher erwartet von Nahrungsaufnahme Genuss. Damals als Économat de l'Armée, eine Art Lebensmittel- und Warenlager, ins Leben gerufen, hatte sich die Methode bewährt.

In Tübingen sah das unter französischer Besatzung nicht anders aus. Gerade einmal im April einmarschiert, eröffneten die Franzosen im August ein erstes Warenhaus just im beschlagnahmten Modehaus Haidt in der Neuen Straße. Wenige Monate später beschloss die Militärbehörde, das Geschäft künftig als Économat zu führen. Allein der Kreis französischer Streitkräfte nebst Familien durfte sich am Angebot erfreuen. Für Einheimische war der Laden tabu.

Was soll's, in Tübingen sah es in diesen Tagen ohnehin recht bitter aus, und die Kriegspolitik tat das Ihrige. Mangel an Grundnahrungsmitteln, Ausfälle in landwirtschaftlicher Produktion und unzureichende Transportwege sowie rationierte Güterzuteilung machten die Situation extrem schwierig. In der Not florierten Schwarzmarkt und Tauschhandel. Letzten Endes machte man auch die Besatzer für die Lebensmittelknappheit verantwortlich. Die nämlich kamen recht gut durch die »Gaben des Landes« über die Runden. Trotzdem war ein Économat nicht genug. Im Stadtzentrum eröffneten weitere, unter denen die Kronenstraße 13 etwas Besonderes war. Hier im »Magasin du Gouvernement Régional« stand auch für Einheimische die Tür zum Einkauf offen. 1955 war es in Tübingens Innenstadt damit vorbei. Nur in der Katharinenstraße gleich neben der Loretto-Kaserne blieb ein Économat bis zum Abzug der französischen Besatzer Anfang der 1990er Jahre bestehen.

Adresse Neue Straße 1, 72070 Tübingen, heute eine »New Yorker«-Filiale | **ÖPNV** ab Hauptbahnhof in 10 Minuten zu Fuß erreichbar | **Tipp** Ein paar Meter weiter hütet die Neckargasse 18 seit dem 17. Jahrhundert im »Haus der Giftvögtin« ein düsteres Geheimnis. Es konnte nie geklärt werden, ob hier Regina Susanna Weber ihren ehrenwerten Gatten mit Rattengift umgebracht hat oder nicht. Vieles sprach dafür, manches dagegen.

71_Das Niemeyer-Haus

In Rechtecke vernarrt

Wie organisch mit der Natur verwachsen, von ihr inspiriert und mit ihr belebt, entstand während der 1970er Jahre ein außergewöhnliches Wohngebäude als Frühwerk des Architekten Heinrich Johann Niemeyer in der Tübinger Neckarhalde.

Keiner festgelegten Ästhetik in Form und Funktion, in Material und Technik unterworfen, interpretierten die Vertreter der an der Schwelle zum 20. Jahrhundert aufkommenden »organischen Architektur« diese auf individuelle Art und Weise.

Unter den ganz Großen wie Frank Lloyd Wright oder Antoni Gaudí fand Niemeyer Vorbilder wie Motivation. Wright distanzierte sich von traditionellen Gestaltungsmustern, verwob organische Formen mit geometrischen Elementen, verteufelte geballte Urbanität und konzipierte erst in hohem Alter mit dem Guggenheim-Museum das erste Bauwerk für die von ihm verhasste Metropole New York. Gaudí experimentierte dagegen, angelehnt an die katalanische Prägung des Jugendstils, mit geschwungenen Linien, runden Formen und bizarrem Dekor, als wären die Bauwerke nicht von dieser Welt. Ein anschauliches Beispiel ist die bislang unvollendete Sagrada Família in Barcelona, die, 1882 begonnen, 2026 zum 100. Todestag Gaudís vollendet werden soll.

Niemeyer konzipierte in der Neckarhalde ein Sechsfamilienhaus als eigenwillige »Wohnlandschaft«, in der sich verschieden hohe Räume um einen »massiven Naturstein-Kern mit Kamin« gruppieren. Von der Straßenseite aus an den Abhang durch Split-Level-Bauweise angepasst, orientieren sich die Etagen, gleichermaßen verschachtelt und strukturiert, mit teilweise großen Fensterfronten in unterschiedlichen Formaten nach Lichteinfall zum Neckar hin. Begrünte Dachelemente und bepflanzte Balkone akzentuieren eine der Wesensarten organischer Architektur. Für Tübingen war und ist das Gebäude ein Meisterwerk. Schon zu Lebzeiten des 2010 verstorbenen Niemeyer wurde es unter Denkmalschutz gestellt.

Adresse Neckarhalde 41, 72070 Tübingen | **ÖPNV** Bus 20, Haltestelle Neckarhalde, ab Hauptbahnhof in 10 Minuten zu Fuß erreichbar | **Öffnungszeiten** nur von außen zu besichtigen | **Tipp** In der Neckarhalde sticht in der Reihe sehenswerter Häuser die Hausnummer 64 als ehemaliges Edith-Stein-Karmel heraus. Die imposante Fachwerkvilla im Landhausstil wurde zwischen 1978 und 2011 von elf Karmelitinnen als Kloster genutzt.

72 Die Nymphe am Mühlbach

Ein Schelm, wer Böses dabei dachte

Ein wenig unerwartet und unscheinbar neben mächtigen Bäumen versteckt, schimmert die Nymphe am Mühlbach aus feinstem Carrara-Marmor perlweiß. Nur selten noch trifft ihr weltverlorener und gleichermaßen tiefgründig geheimnisvoller Blick vorbeieilendes Leben. In ihren jungen Jahren war sie anderes gewohnt. Als wahres Entzücken fürs Auge sorgte die liebliche Mädchengestalt für Furore, und wer weiß, vielleicht geriet so mancher Bürger ob ihrer Schönheit ins Träumen.

Länger schon hatten um die Jahrhundertwende Pläne zur Ausschmückung des Platzes vor dem Wirtshaus »Neckarmüllerei« in den Schubladen der Stadtväter geschlummert. Den Neckarflößern sollte ein Denkmal gesetzt werden, eine Idee, die während hitziger Diskussionen schließlich zugunsten einer Nymphe verworfen wurde. Und so zierte später hier die ebenmäßige Skulptur aus der Werkstatt des renommierten Tübinger Bildhauers Karl Merz den hübschen Lützelbrunnen. 1961 musste der ästhetische Blickfang allerdings moderner Stadtplanung weichen und fand am Mühlbach in den städtischen Anlagen ein neues Domizil.

Die feierliche Einweihung des Kunstwerks im Jahr 1910 war gleichsam der Beginn für jahrelang kursierende Gerüchte. Welche Grazie hatte splitternackt stundenlang Modell gestanden? Im sittsamen Tübingen der damaligen Zeit eine delikate Frage, denn schließlich wurde gemutmaßt, es sei eine Tochter der Stadt gewesen: Welch Skandal in der altehrwürdigen Schmiede der Wissenschaft. Da war Verschwiegenheit oberstes Gebot.

Nun aber scheint das Geheimnis gelüftet. Klara Bäder, eine ältere Dame, hatte vor Jahren schon Anspielungen gemacht, sie sei es gewesen. 2005 aber meldete sich eine Enkelin der Familie. Im Stadtarchiv legte sie die Karten auf den Tisch: Nicht Klara habe Modell gestanden, sondern deren ältere, 1887 geborene Schwester Elise und nach deren Umzug in die Schweiz auch Anna, die dritte Tochter der Bäders.

Adresse Derendinger Allee, 72072 Tübingen, an der Biegung des Mühlbachs im Westen der städtischen Anlagen auf Höhe des Wildermuth-Gymnasiums | **ÖPNV** vom Hauptbahnhof aus in wenigen Minuten zu Fuß erreichbar | **Tipp** In der über dem Neckar gelegenen Neckarhalde 27 steht ein kleiner Rundturm als Überbleibsel eines der fünf Tübinger mittelalterlichen Stadttore der Stadtmauer. Das dortige Hirschauer Tor wurde 1830 bis auf ein Geschoss des Diebsturms abgerissen.

73__Die Ödenburg

Wo es unsichtbare Dinge zu sehen gibt

»Es war einmal« sind vortreffliche Worte für die Ödenburg, denn erhalten ist von der Anlage kaum mehr als das Flair eines historischen Ortes, der vielleicht die Phantasie mancher Wanderer und Spaziergänger zu beflügeln vermag. Anhaltspunkte über die einstige Spornburg geben Bodenprofil sowie ein windschiefer, von Efeu umrankter Gedenkstein auf dem Spitzberg. Gleich um die Ecke lässt sich auf einer etwas verwahrlosten Bank mit Jugendstiltisch, seit geraumer Zeit ohne seine ursprüngliche Marmorplatte, auf den Spuren der Ödenburg ein wenig verweilen.

Vermutlich im Frühmittelalter erbaut, scheint die Anlage ein Stiefkind der Geschichte. In Chroniken kein großes Thema, liegt die Vergangenheit der Festung und ihrer Burgherren bis auf wenige Ausnahmen im Dunkeln. Eine Zerstörung im Jahr 1291 durch Graf Albrecht II. von Hohenberg ist in den Sindelfinger Annalen dokumentiert. Albrecht als Spross des Grafen Burchard V. von Hohenberg und der Erbgräfin Mechthild aus der Linie der Pfalzgrafen von Tübingen war als Landvogt, Begründer der Stadt Rottenburg und Minnesänger ein wahrer Teufelskerl, der keinen Kampf scheute. Dass sich die Pfalzgrafen mit den Erzfeinden Albrechts, den Grafen von Württemberg, verbündeten, trug Ende des 13. Jahrhunderts nicht gerade zur Familienharmonie bei. Da wurde auch der Besitz der Tübinger Pfalzgrafen gebrandschatzt und verwüstet. Nur Tübingen selbst blieb verschont.

Die Wiederbefestigung der Ödenburg unter Graf Götz von Böblingen schien mehr ein Akt des Trotzes denn von Nutzen zu sein. Schon 1310 wurde die Burg als »desertum castrum« bezeichnet. Ihre Tage waren gezählt. Doch aus manchen Köpfen war sie nicht wegzudenken, wozu auch Friedrich Hölderin beitrug, den dieser Ort beseelte. Seine Gedichtzeilen »Burg Tübingen« beziehen sich aller Wahrscheinlichkeit nach auf die Ruine der Ödenburg. Seit 1921 sind auch die letzten Grundmauern verschwunden.

Adresse Die Ödenburg stand auf dem Bergsporn des Spitzbergs, Koordinaten 48.505778, 9.02622 | **ÖPNV** Bus 9, Haltestelle Bismarckturm; von hier aus dem Waldweg etwa 400 Meter folgen und entlang dem südwestlich abzweigenden Weg vorbei an einer kleinen Lichtung etwa 1 Kilometer weitergehen | **Tipp** Über den Spitzberg führt der Ludwig-Uhland-Weg mit zehn Liedtafeln bis zur Wurmlinger Kapelle. Beim Bürger- und Verkehrsverein Tübingen ist ein Begleitheft mit Karte zu bekommen (www.tuebingen-info.de).

74_Der Pfleghof-Erker

Lindgrens Karlsson hätte es gefallen

Viele historische Gebäude der Stadt machen neugierig. Was sich heute hinter manchen Fassaden verbirgt, bleibt oft ein Rätsel. Der Pfleghof als eines der größten mittelalterlichen Gebäude in Tübingen hat sich zum wahren Multifunktionshaus entwickelt, das seit seinem Ursprung im 15. Jahrhundert auf unterschiedlichste Art und Weise genutzt worden ist. Heute beherbergt er Musikwissenschaft, Polizeistation, Studentenwohnheim und Kindergruppen unter einem Dach.

Interesse weckt immer wieder der nach oben über drei Etagen gestaffelte, prominenter werdende Aufbau auf dem Dach des Westflügels. Und ist die im Schwäbischen auftauchende Wortschwierigkeit zwischen »Ärger« und »Erker« erst einmal geklärt, kann man über den dominanten Blickfang reden.

Wenn auch unter ganz anderen Vorzeichen als früher erfüllt die Konstruktion noch immer einen Zweck, zumindest in den unteren beiden Etagen. Der oberste Teil gehört nur noch zum Dachboden. Einst mit einem Lastenaufzug für die Einlagerung von Getreide und anderen essenziellen Gütern der Bebenhausener Zisterzienser versehen, dürfte der Erker in jeder Etage ein staubiger und schweißtreibender Ort gewesen sein.

Geschuftet wird hier immer noch, aber heute steht geistige Arbeit im Mittelpunkt. Als teilweise selbstverwaltetes Studentenwohnheim finden hier gut 30 Studierende auf zwei Etagen eine Bleibe. Zwischen knapp neun und bis zu 15 Quadratmeter groß sind die einzelnen Mansarden, überschaubar also. Die Erkernischen als architektonisches Schmankerl sind hier in die Gemeinschaftsräume integriert. Die kleinste dieser Nischen ist mit einem bequemen Sessel ausgestattet und erweist sich als exklusiver Platz. Mehr passt ohnehin nicht hin. Eine Treppe höher sieht es schon ein wenig anders aus. Mit Tisch und Stühlen wird dieser Erkerteil zu einer kommunikativen Ecke, denn für einen Plausch nebst Gaumenfreuden aller Art reicht er ohne Weiteres aus.

Adresse Studentenwohnheim Pfleghof, Pfleghofstraße 2, 72070 Tübingen | **ÖPNV** diverse Busse, Haltestelle Wilhelmstraße, vom Bahnhof zu Fuß in 10 Minuten erreichbar | **Tipp** Wie jeder klösterliche Pfleghof nennt auch der Tübinger Pfleghof eine Kapelle sein Eigen. 1492 geweiht, dient sie heute dem Musikwissenschaftlichen Institut als besonderer Rahmen für Konzerte. Sie ist nicht öffentlich zugänglich.

75__Der Professorenstein

Zauberwald im Dornröschenschlaf

Mir seinem Bestehen von 1881 bis 1920 waren dem Forstwirtschaftlichen Institut an der Universität Tübingen nur knapp 40 Jahre vergönnt. Dass der Lehrstuhl dann nach Freiburg verlegt wurde, führte vor allem unter Studenten zu langen Gesichtern. Höchst niedergeschlagen organisierten sie einen Trauerzug mit Kapelle und allem Drum und Dran, um ihren bisherigen Lehrstuhl symbolisch in einem Sarg im Neckar zu versenken.

Was blieb, waren indes mehr als Erinnerungen. Im Gebiet Großholz auf den Härten, von Einheimischen liebevoll Zauberwald genannt, hatte das Institut mit Mühe und Hartnäckigkeit das Nutzungsrecht für ein Stück Land bekommen. Für Lehre und Forschung war das ideal. Hier werkelten und experimentierten die beiden Professoren der Forstwirtschaft Tuisko Lorey und Hermann Nördlinger auf ihrem zwei Hektar großen Waldareal. Teilweise legte man Terrassen an, für exponiertere Lagen wurden kleine Hügel aufgeschüttet oder Bäume zu Forschungszwecken in Metallkästen gesetzt. Im Laufe der Zeit wuchs ein wahrer Exotenhain heran. Die Flora mit Weymouth-Kiefern, Wellingtonien, Zelkoven und vielen mehr, teilweise auch aus Übersee, durfte ihre Tauglichkeit in mitteleuropäischem Klima erproben. Annähernd 150 fremde Holzarten sollen es gewesen sein.

Natürlich konnte sich nicht jede Baumart nach der Verlegung des Lehrstuhls über die Jahrzehnte behaupten. Ende der 1980er Jahre verwandelte sich das Gebiet dank eines Projektes der Kusterdinger August-Lämmle-Schule in einen Waldlehrpfad. Durch Infoschilder und Täfelchen bekamen die »Fremden« wieder Namen. Doch heimische Hölzer drängten und drängen sich in den zusehends verwaisten Versuchsgarten, was heute der Revierförster mit Bedauern verfolgt.

Etwas abseits vom Professorenweg würdigt seit Beginn des 20. Jahrhunderts die Inschrift auf einem stattlichen zweieinhalb Meter großen Sandstein-Rohling Lorey und Nördlinger für ihre einstige Pionierarbeit.

Adresse Professorenweg (auf den Härten), 72072 Tübingen | **ÖPNV** Bus 4, 7, 13, Haltestelle Aixer Straße, von hier etwa 1,5 Kilometer zu Fuß, durch den Tunnel unter der B 28 hindurch rechts Richtung Tierheim weiter und dahinter in den ersten Waldweg links abbiegen, hier zweigt der Professorenweg ab; der Professorenstein versteckt sich in der ersten Kurve rechts im Wald | **Tipp** Wer sich für Flora und Fauna interessiert, sollte den Weg entlang dem einstigen Exotenhain weitergehen.

76__Der Radlerkönig
Wenig Gnade für die Wade

Radfahrer gehören zu Tübingens Stadtbild wie Stocherkähne zum Neckar. Seit 2014 auch ganz offiziell, denn damals gab es vom Verkehrsministerium Baden-Württemberg die Auszeichnung »fahrradfreundliche Kommune«. Dass die Straßenverkehrsordnung neben bestimmten Fahradstraßen trotzdem auch für Cycloholics gilt, möchte man im Verkehrsgewusel zuweilen ganz gerne erwähnen.

Den bärtigen König der Radler schert es nicht. Er braucht sich um Vorfahrtsregeln, Ampeln und andere Hindernisse nicht zu kümmern. Stolzen Blickes sitzt er mit gekröntem Haupt auf seinem Boneshaker am Nonnenhaus. Wenngleich ohne Schuhe und mit einem Vögelchen als Passagier, trägt er in Bronze verewigt seine Botschaft auf dem wehenden kleinen Cape in die Welt: »Kein Geld den Fürsten, alles Geld den Radfahrern«.

Die Anfang der 1980er Jahre von der seit 1948 in Tübingen ansässigen Künstlerin Suse Müller-Diefenbach geschaffene Skulptur hat allerdings nichts zu tun mit Radler und Oberbürgermeister Palmer. Diese Ehre gebührt Eugen Schmid, der zwischen 1974 und 1998 die Geschicke der Stadt als Gemeindeoberhaupt lenkte. Ohne Kunst im öffentlichen Raum schien ihm das Stadtbild ein wenig ärmlich, weshalb er Kulturförderung zu seiner Sache machte.

So tritt der Radlerkönig auf dem Affenfelsen als nur eines von vielen Kunstwerken der Ära Schmid schon über 30 Jahre in die Pedale und kommt dennoch keinen Meter voran. Trotzdem war er 2007 eine Zeit lang verschwunden. Davongeradelt ist er selbstverständlich nicht, vielmehr war er Ziel mutwilliger Zerstörung geworden. Der Esslinger Bildhauer Steffen Stromsky konnte den Schaden mit großer Mühe wieder richten, und so kam der König von den Spuren des Vandalismus befreit 2008 an seinen angestammten Platz zurück. Nur vier Jahre überstand er es unbeschadet, denn 2012 kleisterte irgendjemand den Radlerkönig mit rosa Farbe ein – da konnte nur noch eine Spezialfirma helfen.

Adresse Biergarten Piccolo Sole D'oro, Metzgergasse 39, 72070 Tübingen | **ÖPNV** diverse Busse, Haltestelle Wilhelmstraße; vom Hauptbahnhof zu Fuß in 10 Minuten erreichbar | **Tipp** Ein wenig versteckt ziert eine etwa 50 Zentimeter große Skulptur mit Muff, vermutlich den Winter symbolisierend, das Gebäude in der Nonnengasse 8. Seit »unvordenklichen Zeiten« soll sie sich hier befinden, wissen die Tübinger Blätter von 1906 zu berichten.

77 Schickards Rechenmaschine

Da wäre Blaise Pascal erblasst

Von unglaublichem Wissensdurst beflügelt, wandte sich Wilhelm Schickard als Hans Dampf in den Gassen der Wissenschaft gleich mehreren Disziplinen zu. Ob Mathematik und Astronomie, orientalische Sprachen, Theologie oder Geografie, ihn trieb vieles um. Vielleicht hier und da etwas unstet, widmete er sich selbst der Kunst als Zeichner und Kupferstecher. Im Dialog mit großen Denkern war er auch Johannes Kepler freundschaftlich verbunden, der ihn wegen seiner Tüftelei gepaart mit handwerklicher Begabung als »beidhändigen Philosophen« charakterisierte. Schickard wie Kepler griffen nach den Sternen, und so wurde 1935 jeweils ein Mondkrater nach ihnen benannt.

Vieles hat der »schwäbische Leonardo da Vinci« der Nachwelt hinterlassen. Nicht einfach so, nein, da gab es Zettelchen, Zeichnungen und Berechnungen. Und so kam eine der bahnbrechenden Erfindungen Schickards auch erst 1957 über einen Kepler-Forscher ans Licht. In Schickards Skizzenbuch aus dem Jahr 1623 fanden sich unter anderem auch illustrierte Beschreibungen einer mechanischen Rechenmaschine. Der Nachbau erwies sich als echter Knüller und katapultierte Schickard sofort in die Reihe der Erfinder. Addieren und Subtrahieren über sechs Stellen des Rechenwerkes verlief automatisch. Selbst Multiplikation und Division waren nach Übertragung der in Fensterchen angezeigten Ziffern auf eine Drehscheibe möglich.

Bis dahin wurde die Erfindung einer mechanischen Rechenmaschine dem französischen Gelehrten Blaise Pascal zugeschrieben. 1642 hatte dieser zur Arbeitserleichterung für seinen Vater als Steuereinnehmer der Normandie eine sogenannte Pascaline konstruiert, die zunächst nur der Addition diente. Eine Weiterentwicklung ermöglichte erst viele Jahre später auch die Subtraktion.

Ein Nachbau der Schickard'schen Maschine darf im Stadtmuseum nicht nur bewundert, sondern auch ausprobiert werden.

Adresse Stadtmuseum Tübingen, Kornhausstraße 10, 72070 Tübingen, Tel. 07071/2041711, www.tuebingen.de/stadtmuseum | ÖPNV Bus 9, 11, 12, Haltestelle Krumme Brücke | Öffnungszeiten Di–So 11–17 Uhr | Tipp Nicht nur die Exponate des Museums geben einen Einblick in die Stadtgeschichte. Das historische Gebäude selbst geht als einstiger Kornmarkt bis ins 15. Jahrhundert zurück. Immer wieder um- und ausgebaut, dienten die Räumlichkeiten in späterer Zeit unterschiedlichsten Zwecken, bis schließlich nach umfangreichen Restaurationen 1991 das Stadtmuseum einzog.

78__Das Schimpfeck

Spielball feinsinniger Architektur

Auf einen Blick lässt sich der Formenreichtum aus Jugendstil, Fachwerk, Arkaden und Erkern inklusive achteckiger Holzveranda kaum erfassen. Viel Liebe zum Detail spielte hier genauso eine Rolle wie Freude am Dekor. Vor allem schön sollte es sein, auch das oft mit Stirnrunzeln zur Kenntnis genommene karierte Fassadenmuster in Blau-Weiß. Wer an Bayern denkt, der irrt. Die Zierde galt schlicht dem Zeitgeist gemäß als ungemein schick und originell.

Der Gebäudename »Schimpfeck« dagegen klingt weniger kapriziös. Zwar wird hier auch einmal »geschumpfen«, aber seinen Namen trägt das architektonische Schmuckstück am Lustnauer Tor nicht aufgrund lautstarker Querelen, sondern dank des Händlers für Bürobedarf Fritz Schimpf. Die Firmengründung geht indes auf Friedrich Schuler zurück, der 1880 quasi ums Eck vom Eck in der Pfleghofstraße seinen Papier- und Tapetenladen eröffnete. 1902 übernahm sein Neffe Fritz Schimpf das Geschäft. Er vergrößerte den Laden und zog bald darauf in das 1903 errichtete Gebäude, das heute in fünfter Generation geführte Schimpfeck.

Einen triftigen Grund für Geschimpfe gab es Ende der 1970er Jahre dann doch. Damals sollte das Schimpfeck einer Stadtautobahn geopfert werden. Dank einer Bürgerinitiative blieb manchen nur der Traum einer »großstädtischen« Nordtangente, aber das Ende der Streitigkeiten bedeutete das noch lange nicht. Im Mai 1981 besetzten etwa 60 Studenten zwei seit Langem leer stehende Etagen. Daraus wurden fast 300 Hausbesetzer, und vor dem Gebäude sammelten sich rund 400 Gleichgesinnte. Mit 200 Einsatzkräften der Polizei kam dann, was kommen musste. Nach der Räumung, die nicht gerade zimperlich verlief, entwickelte sich das Ganze mit weiteren Demonstrationen und Randale zu einem Politikum. Irgendwann wurde man sich einig. 1983 wurde ausgebaut. Studenten, Schimpf und weitere Firmen fanden alle ihren Platz unter einem Dach.

Adresse Lustnauer Tor 1, 72074 Tübingen | **ÖPNV** diverse Busse, Haltestelle Wilhelm-straße; vom Hauptbahnhof in 10 Minuten zu Fuß erreichbar | **Tipp** Dort, wo heute ein Zebrastreifen mit Ampelanlage über die Neue Straße führt, stand bis 1829 das Lustnauer Tor als eines von fünf Stadttoren. Eine von Ugge Bärtle gefertige Erinnerungstafel ist am Schimpfeck angebracht.

79___Das Schlosslabor

Wo die Nadel im Heuhaufen steckte

Wo einst Mägde für die Herrschaft auf Hohentübingen das Regiment mit dem Kochlöffel führten, war es im frühen 18. Jahrhundert mit geschäftigem Töpfeklappern vorbei. Spätestens nach 1717, als die württembergischen Herzöge in Ludwigsburg residierten, eroberten sich vielleicht Nager und anderes Getier das vergangene Reich der Gaumenfreuden, das bis zur Mitte des 18. Jahrhunderts partiell von Einrichtungen der Universität genutzt wurde. Der Startschuss für die Biochemie im Schlosslabor, damals noch Physiologische Chemie genannt, erfolgte erst Jahre später. König Wilhelm I. von Württemberg hatte 1816 das gesamte Schloss großzügig an die Universität übertragen. Den Biochemikern wurde die Schlossküche als künftiges Labor zugeteilt – immerhin. Doch einige Mundwinkel zogen sich trotz des »Fortschritts« ein wenig nach unten. Die Räumlichkeiten, düster, schmuddelig und kalt, waren nicht gerade das, was sich Forscherherzen erträumten. Dennoch entwickelte sich ab 1818 die historische Küche zunächst unter Georg Sigwart, später unter Julius Schlossberger zu einer bedeutenden Institution. Weitreichende Forschungsergebnisse brachte 1866 die Arbeit von Felix Hoppe-Seyler über die reversible Oxygenierung des eisenhaltigen Proteinkomplexes in den roten Blutkörperchen. Er prägte den Begriff Hämoglobin.

Für einen Paukenschlag in der naturwissenschaftlichen Disziplin sorgte aber 1869 Hoppe-Seylers Schüler Friedrich Miescher. Ihm ging es darum, die chemische Zusammensetzung von Zellen zu analysieren: ein Unterfangen, bei dem angesichts damals noch einfachster Methoden und Gerätschaften Scheitern zum Alltag gehörte. Zellkerne, bis dahin ein Buch mit sieben Siegeln, untersuchte er anhand von eitrigen Verbänden eines Spitals. Dabei entdeckte er eine von ihm als Nuclein bezeichnete rätselhafte Substanz, die sich Jahre später als Träger unserer Erbsubstanz DNA und RNA entschlüsseln ließ.

Adresse Schloss Hohentübingen, Burgsteige 11, 72070 Tübingen | **ÖPNV** vom Hauptbahnhof in etwa 15 Minuten zu Fuß erreichbar | **Öffnungszeiten** Mi, Fr–So 10–17 Uhr, Do 10–19 Uhr | **Tipp** Die zwischen 1890 und 1910 angelegte ethnologische Sammlung im Fünfeckturm Hohentübingens entführt in weite Fernen der Südsee und des Amazonasgebiets. Die Öffnungszeiten sind dieselben wie im Schlosslabor.

80___Siddharthas Sparkasse

Wo Zinsen kein Thema sind

Die Spurensuche nach Hermann Hesse wird einem in Tübingen leicht gemacht. Hesse-Haus, Hesse-Kabinett und die Unterstadt, die Hesse zwischen 1895 und 1899 immer wieder durchquerte. Ein wenig abenteuerlicher dagegen kann die Suche nach einem Hesse-Rezipienten sein, der die Verarbeitung des Stoffs auf ganz eigene Weise kommunizierte.

Zu Zeiten, als Globalisierung noch ein echtes Fremdwort war und der Begriff Billigfluglinie noch längst nicht geboren, ließen sich für viele Leser Fernweh und Neugier ein Stück weit auch mit Hilfe der Literatur stillen.

Einer, der genau deshalb zu Hesses Roman »Siddhartha« griff, war Albert Mayr, der vor gut 30 Jahren im Steinbruch Nagel sein Brot verdiente. Als Steinmetz künstlerisch ambitioniert, fand er im Wald zwischen Lustnau und seinem Arbeitsplatz eine fast verwunschene Stelle, wo er an mächtigen Steinbrocken bis heute sichtbare Reliefs und Formen sowie ein Textfragment aus Hesses »Siddhartha« einmeißelte. Mittlerweile hat die Natur, insbesondere Moosbewuchs und Verwitterung, den Werken als L'art pour l'art ein wenig zugesetzt. Es habe ihm einfach Spaß gemacht, erzählt der Steinmetz, und die buddhistische Symbolik sei den skulpturalen Arbeiten erst im Nachhinein von anderen verliehen worden.

Der 1922 erschienene Roman »Siddhartha« reflektiert Hesses Auseinandersetzung mit indischer Philosophie und fernöstlichen Religionen wie auch seine eigene Spiritualität. In »Siddhartha« geht es um die Suche nach Erkenntnis, wobei Hesses Protagonist nicht umsonst den Geburtsnamen des historischen Buddha Siddhartha Gautama trägt.

Gar nicht zum Buddhismus passen mag indes die »Waldsparkasse«. Eine von Mayr in Stein gehauene, große, geöffnete Hand wurde nach und nach mit so vielen Kupfermünzen gefüllt, dass sie diese kaum mehr zu fassen vermag. So kann es vielleicht aussehen, wenn sich Glauben und Aberglauben mit dem Streben nach Glück vermischten.

Adresse im Waldgebiet zwischen Lustnau-Neuhalde und Hägnach, Koordinaten 48.543903, 9.081833 | **ÖPNV** Bus 7, 23, Haltestelle Eichhaldenstraße; von hier rund 100 Meter die Pfrondorfer Straße entlang und links in die Straße Ob dem Himmelreich einbiegen, nach etwa 1 Kilometer ohne befestigten Weg rechts ab ins Waldgebiet und noch etwa 100 Meter bergauf | **Tipp** Das Waldgebiet eignet sich für Spaziergänger genauso gut wie für Wanderer und mit dem Waldsportpfad Hägnach auch für Läufer.

81 Die Sonnenscheiben

Wo Vergangenheit auf Gegenwart trifft

Wer gerne auf den Spuren der Vergangenheit wandelt, ist mit der Jakobuskirche als einem der ältesten Gebäude der Stadt gut beraten. Schon um 1200 sollte ausgerechnet hier im sumpfigen Schwemmgebiet der Ammer eine Kapelle entstehen. Damals vermutlich noch außerhalb der Stadt ruhte der romanische Bau wegen des Untergrundes nicht auf einem Fundament, sondern auf einem Pfahlrost aus Eichenstämmen. Etwa 300 Jahre später bediente man sich einer neuen Strategie und schüttete den Grund bei der Erweiterung um einen gotischen Chor über zwei Meter auf. Unter einem Schachtdeckel vor dem Westportal sind untere Teile des Hauptportals erhalten.

An der Außenmauer lassen sich bei genauem Hinsehen Fabelwesen wie ein flatterndes Huhn entdecken, vielleicht ein Hinweis auf das Hühnerwunder von Calzada. Schließlich ist die Jakobuskirche eine Station auf dem europäischen Pilgerweg nach Santiago de Compostela und war vermutlich auch früher schon ein Wallfahrtsziel. Ein spätgotischer Stein im Chorgewölbe zeigt Jakobus in Pilgerkluft. Ein Kruckenkreuz und weitere Reliefs wie die Sonnenscheiben geben einen breiten Spielraum für Interpretation. Die heute im Innenraum der Kirche angebrachten Steinplatten waren bis 1973 am gotischen Teil der Außenfassade zu sehen.

Waren es ursprünglich mehr als drei Scheiben? Die Größenverhältnisse ließen diese Vermutung zu, andererseits spielt die Dreiheit, wie auch schon in der Vorstellungswelt der Kelten, eine bedeutende Rolle. Eingemauerte Reliefs wurden allerdings erst in römischer Zeit üblich. Hatten die Sonnenscheiben vielleicht einen anderen Ursprungsort? Dem widerspricht die Tatsache, dass die Steinplatten aus demselben Material sind wie die Kirche selbst. Hat die Darstellung überhaupt etwas mit dem Christentum zu tun? Sonnensymbole wie konzentrische Kreise spielten in vielen alten Kulturen eine Rolle: Das archäologische Rätsel bleibt.

Adresse Jakobsgasse 12, 72070 Tübingen, www.jakobusgemeinde.de | **ÖPNV** Bus 9, 11, 12, Haltestelle Krumme Brücke | **Tipp** Dort, wo heute rund um die Jakobuskirche samstags Markttag ist, hatte zwischen 1593 und 1835 die Wissenschaft in der um 1500 gebauten Konradskapelle als »Theatrum anatonicum« ihr Revier. So fand man bei Bauarbeiten in den 1970er Jahren auf dem Areal Knochenteile en masse. Hier wurden von der medizinischen Fakultät zu Forschungszwecken Leichen seziert. Die Kapelle selbst ist lange schon verschwunden.

82__Der Stadtfriedhof

Gerade noch einmal gut gegangen

Den 1829 auf den Spitaläckern im Käsenbachtal draußen vor der Stadt angelegten Friedhof dürfte es eigentlich gar nicht mehr geben. 1968 liebäugelte man mit einer Stadtautobahn, womit die Schließung des Friedhofs und seine Auflassung beschlossene Sache war. Aus Pietätsgründen und letzten Endes dank Bürgerentscheid wurde die Idee aber wieder vom Tisch gefegt, und auch der Vorschlag, einen Stadtpark anzulegen, führte nicht zu einhelligem Jubel. So dümpelte der Gottesacker rund 30 Jahre selbstvergessen vor sich hin. Was tun mit dem Fleckchen Erde, das mit vielen efeuumrankten Begräbnisstätten von Dichtern und Denkern im Schatten großer Bäume nicht nur die Grabkultur des 19. Jahrhunderts bewahrt und heimischer Flora und Fauna ein Refugium bietet, sondern als beschaulicher Ort auch Stadtgeschichte erzählt?

1987 wurde der Stadtfriedhof entsprechend einem ausführlichen Regelwerk zum Kulturdenkmal erklärt. Besonderes Augenmerk gilt dabei 227 Gräbern, in denen Geistesgrößen wie Hölderlin, Silcher oder Uhland ihre letzte Ruhe fanden.

Immer wieder wurde kontrovers diskutiert. Letzten Endes fiel die Entscheidung, den Friedhof zur Vorbeugung gegen Verwahrlosung und Vandalismus wieder in Betrieb zu nehmen, und so konnte die offizielle Wiedereröffnung 2002 feierlich begangen werden.

Der in seiner Anfangszeit übliche Name Engelsfriedhof geht auf den Schmied Jakob Engelfried zurück, dessen sterbliche Überreste das erste nicht mehr vorhandene Grab belegten. Das älteste erhaltene Grab für Konditor Jacob Conrad Schweickardt stammt von 1830, und das künstlerisch wertvollste gebührt mit einer frühklassizistischen Statue dem 1898 verstorbenen Historiker Bernhard Kugler. Ein Lapsus ziert Hölderlins Grabstein, denn der Steinmetz meißelte mehr als nötig. Laut Grabstein wurde Hölderlin nicht am 20. März, sondern erst am 29. März 1770 geboren, und so sorgt ein Häkchen für Verwirrung.

Adresse Gmelinstraße 20, 72076 Tübingen | **ÖPNV** Bus 5, Haltestelle Gmelinstraße; Fußweg 5 Minuten | **Öffnungszeiten** April–Sept. 7–20 Uhr, Okt.–März 8 Uhr bis Eintritt der Dunkelheit | **Tipp** Ganz unscheinbar versteckt sich gegenüber der Zahnklinik in der Osianderstraße die 118 Zentimeter große Bronzeskulptur »Flötenspieler« von Helmut Bourger (1929–1989), der in Rom an der Akademie der schönen Künste studierte.

83 Der Stadtteilbauernhof Lustnau

Bauernregel: Regen im Mai, April vorbei

Ländliches Idyll ist im Verein Lustnauer Stadtteilbauernhof das eine, Ärmelhochkrempeln oder Gummistiefelanziehen das andere. Schließlich darf auf dem kleinen Anwesen derzeit mit ein paar Milchschafen, Hühnern, Streuobstwiese und Acker mit angepackt werden. Zu tun gibt es immer etwas, denn nicht nur die Tiere wollen versorgt sein. Ob Heuen, Kartoffel- und Rübenanbau, Apfelernte und Mosten, je nach Jahreszeit fallen unterschiedliche Tätigkeiten an. So lang die Liste, so vielseitig die Möglichkeiten, denn auch neuen Ideen gegenüber zeigt sich der 2008 gegründete Verein je nach Eigeninitiative und Fähigkeiten offen. Es ging und geht um gemeinschaftlich gestemmte Landwirtschaft und Landschaftspflege. Ein großes Thema ist Nachhaltigkeit.

Dabei ist alles bestens organisiert und die Aufgabenverteilung gut durchdacht, denn die Mitglieder des Vereins haben das Ziel, eine breite Öffentlichkeit, insbesondere Kinder und Jugendliche, mit ihrem Motto »Bauernhof erleben« zu erreichen. Schließlich kommen weder Milch und Eier noch Obst und Gemüse aus dem Supermarktregal. Deshalb dürfen auch immer wieder Schülergruppen aktiv dabei sein, die kompetent angeleitet werden. »Learning by doing« schärft den Blick, lässt ökologische Zusammenhänge im Kreislauf der Jahreszeiten erkennen, den Wert landwirtschaftlicher Produkte schätzen, und das alles mit einer großen Portion Spaß. Beim jährlichen Kartoffelprojekt etwa ermöglicht der Verein Grundschülern, den Werdegang einer Kartoffel vom Setzen über Pflege, Ernte, Zubereitung und Essen des Kartoffelgerichts mitzuverfolgen. Dieses und andere Projekte sind Teil einer Bauernhofpädagogik, die weiter ausgebaut werden soll.

2014 gab es riesigen Grund zur Freude: Ein von den Stadtwerken Tübingen verliehener Umweltpreis ermöglichte sowohl einen Stallanbau als auch die Anschaffung einer Photovoltaikanlage.

Adresse Stadtteilbauernhof Lustnau e. V., am Ende der Steinäckerstraße, 72074 Tübingen | **ÖPNV** Bus 1, Haltestelle B.-v.-Suttner-Straße; vom Bahnhof aus zu Fuß in 10 Minuten erreichbar | **Öffnungszeiten** Café Schaf: jeden 2. So im Monat ab 15 Uhr (www.stadtteilbauernhof.de) | **Tipp** Nur rund 400 Meter entfernt liegt das italienische Restaurant Bella Vista mit schöner Terrasse. Vom Bauernhof aus ist es über einen Feldweg erreichbar. (www.bellavista-tuebingen.de)

84__Der Steinbruch im Hägnach

Wo Urgeschichte ins Grübeln bringt

Es war die Hölle los. Ein Meteoriteneinschlag gigantischen Aus-
maßes löste eine Flutwelle aus, die sich bis zu 1.000 Meter hoch
aufbaute. So geschehen an der Schwelle von Trias zu Jura vor rund
200 Millionen Jahren. Vermutlich begleitet von vulkanischer Akti-
vität, löschten die Urgewalten rund drei Viertel allen Lebens in nur
einem Wimpernschlag der Erdgeschichte aus.

Auch die Region um Tübingen, damals vom flachen Jurameer und
tropischem Klima bestimmt, wurde von der gewaltigen Tsunamiwand
überrollt. Den Blick in die graue Vorzeit erlauben Sedimentschichten
im ehemaligen Steinbruch im Lustnauer Hägnach. Bis vor wenigen
Jahren war er als letzte Bastion der Rhätsandsteingewinnung noch in
Betrieb. Die dort sichtbare schmale Gesteinsschicht zwischen Sandstein und Ton warf immer wieder Fragen auf. Sandstein lagert sich
bei mäßiger Strömung ab und Ton bei absolut ruhigem Gewässer. Die
schmale Schicht dazwischen kann nur durch eine schlagartige Verän-
derung der äußeren Bedingungen entstanden sein. Auch der Geologe Michael Montenari wurde hier ab und an von seinen Studenten in
Verlegenheit gebracht. Wie sollte man die gerade einmal 20 Zentimeter hohe dunkle Schicht mit extrem vielen Muschelfragmenten erklä-
ren? Dass alle Muschelschalen nach oben gerichtet sind, ist ein Indiz
dafür, dass sie unter starker Strömung zusammengeschwemmt wurden.

Auch im Vereinigten Königreich finden sich vergleichbare Gesteinsschichten von einer Stärke bis zu zweieinhalb Metern. Laut
Berechnungen britischer Hochenergieforscher kann sich eine der-
artige Monsterwelle allein durch Vulkanausbrüche oder Seebeben
nicht aufbauen. Es hätte ein Beben der Stärke 20 sein müssen, wo-
für es auf der Erde keine physikalischen Voraussetzungen gibt. Irgendwo zwischen Island und Nordamerika wird der Einschlag eines
riesigen Brockens aus dem All als Auslöser des Szenarios vermutet.

Adresse Lustnau-Hägnach, 72074 Tübingen, Koordinaten 48.549698, 9.082231 | **ÖPNV** Bus 7, Haltestelle Pfrondorf Zollernstraße; etwa 300 Meter weiter entlang der Zollernstraße bis zur Seestraße, links abbiegen und entlang Seestraße und Pfrondorfer Weg geradeaus weiter (Waldsportlehrpfad Hägnach); Fußweg 25 Minuten | **Tipp** Etwa zwei Kilometer weiter durch den herrlichen Schönbuch führt ein Wanderweg Richtung Bebenhäuser Straße und weiter Richtung Tübingen zur Waldgaststätte Goldersbachklause, wo sich angenehm bei einer deftigen Vesper rasten lässt (www.goldersbachklause.de).

85__Das Steinkind von Leinzell

Wunder für die Ewigkeit

Wochenlang lag Anna Müller in den Wehen, dann flaute der Geburtsschmerz ab. Das 1674 erwartete Kind wurde einfach nicht geboren. Was blieb, waren unerklärliches Leiden und der Argwohn ihrer Umgebung. Voller Misstrauen begegnete ihr nicht nur die Dorfgemeinschaft im ostälblerischen Leinzell. Klerus wie Doktoren und Obrigkeit schien der Fall suspekt. War Hexerei, gar der Teufel mit im Spiel? Fortan stigmatisiert, suchte Anna verzweifelt zur Linderung ihrer Qualen bei Heilern und Kurpfuschern des Ländles Hilfe. In Aalen konnte ein Quacksalber durch Pulver und Bäder ihre Schmerzen endlich stillen.

Als hätte die Laune der Natur nicht schon genug über die Stränge geschlagen, setzte Unglaubliches der Sache noch die Krone auf. Anna brachte viele Lenze später mit fast 50 Jahren zwei gesunde Kinder zur Welt. Sie selbst erreichte mit über 90 Jahren ein für die damalige Zeit sensationell hohes Alter. Auf ihrem Sterbebett, so erzählt man, habe sie dem Geistlichen versichert, sie trage seit 46 Jahren ihr erstes Kind im Leib, und es solle bitte nach ihrem Tod herausgeholt werden. In der Tat fand sich 1720 bei der Obduktion eine verkalkte Kapsel, die nach der Öffnung mittels Beil einen Fötus freigab – ein »versteinerter« Junge mit vollständig entwickelten Gliedmaßen und Kopf. Das Wunder »Lithopaedion Leincellensis« sorgte für Furore. Nach Balsamierung in der Tübinger Anatomie kam das Steinkind in die Stuttgarter hochfürstliche Kunstkammer, 1732 zu medizinischen Studien nach Paris und 1853 noch einmal in die Tübinger Anatomie in die Hände von Professor Hubert von Luschka, der das Präparat in zwei Hälften trennte.

Als schönstes unter knapp 300 in der Literatur beschriebenen Steinkindern weltweit, zählt es heute zur Sammlung des Anatomischen Instituts am Österberg und ist einer ihrer Höhepunkte. Ein Teil des Naturwunders ist unter rätselhaften Umständen vor Jahren verschwunden.

Adresse Alte Anatomie, Österbergstraße 3, 72074 Tübingen | **ÖPNV** diverse Busse, Haltestelle Wilhelmstraße; vom Bahnhof in 10 Minuten zu Fuß erreichbar | **Öffnungszeiten** Mo – Fr 9 – 17 Uhr | **Tipp** Der Kleine Hörsaal der Alten Anatomie verwandelt sich hin und wieder in eine Bühne und dient als Spielstätte für die überwiegend studentische Theatergruppe »Scenario Tübingen«.

86__Die Sternwarte

Wo man sich besonders und winzig fühlt

Herzog Ulrich war es, der Johannes Stöffler, den Erbauer der astronomischen Rathausuhr, 1511 nach Tübingen holte. Der Pfarrer, Astronom, Astrologe und Mathematiker hatte sich schon lange einen guten Ruf als Erbauer von astronomischen Instrumenten erworben. An der Tübinger Universität trat der Tüftler von der Schwäbischen Alb die erste Professur für Astronomie an. Andere große Denker wie Maestlin oder Schickard folgten, doch eine Sternwarte sollte erst 1752 auf dem östlichen Eckturm von Schloss Hohentübingen entstehen. Dabei war sie selbst für ihre Zeit nicht ideal. Nachträgliche Verbesserungen der Instrumente halfen auch nicht weiter, und so spielte die Astronomie in Tübingen für lange Zeit nur eine Nebenrolle.

Erst mit Friedrich Bohnenberger widerfuhr dem Fach, allerdings wie gewohnt im Dreierpack mit Physik und Mathematik, zunehmendes Interesse. Mit Bohnenbergers Tod 1831 fiel die Astronomie erneut in einen Dornröschenschlaf. Für ein Zwischenspiel sorgte Astrophysiker Hans Rosenberg, der Anfang des 20. Jahrhunderts sogar eine private Sternwarte auf dem Österberg errichten ließ. Doch 1926 wurde er nach Kiel berufen, und so war es mit dem Tübinger »Sternenhimmel« wieder vorbei. Was blieb, waren Bemühungen und Pläne. Nägel mit Köpfen wurden 1955 auf Waldhäuser gemacht. Unter Professor Heinrich Siedentopf entstand eine neue Sternwarte. Endlich erlebte die Astronomie gebührend Aufschwung, der aber nach seiner Zeit bald wieder verebbte.

Heute forscht die Universität auf dem Sand mit eigener »Babysternwarte«, ausgestattet mit einem 0,8-Meter-Teleskop. Die Waldhäuser Sternwarte blieb in der Obhut von Stadt und Astronomischer Vereinigung und lockte sogar als »Volkssternwarte« neben dem Blick in die unendlichen Weiten des Weltalls zwölf Jahre lang mit einem Restaurant unter einer Kuppel. Nach dessen Schließung Mitte 2016 steht die künftige Nutzung derzeit in den Sternen.

Adresse Waldhäuser Straße 70, 72076 Tübingen, www.sternwarte-tuebingen.de | **ÖPNV** Bus 3, Haltestelle Sternwarte | **Öffnungszeiten** Vorträge und Sternführungen zu unterschiedlichen Terminen | **Tipp** Entlang einem Fußweg zwischen Sternwarte und Biotechnologiezentrum sind die Planetenumlaufbahnen in entsprechendem Größenverhältnis zueinander anhand von kleinen Tafeln markiert. Spaß verspricht gleich daneben eine analemmatische Sonnenuhr, die durch den Schattenwurf des eigenen Körpers die Uhrzeit verrät.

87__Die Stocherkähne

Wo Mann und Stange unzertrennlich sind

Gemeinhin gilt Lebertran als gesund, aber gleich einen halben Liter, noch dazu auf ex, will vermutlich keiner haben. Das aber blüht den Verlierern des Stocherkahnrennens, das seit 1956 alljährlich an Fronleichnam die Stadt in einen Ausnahmezustand versetzt. Das erste Rennen war damals mit ganzen sechs Booten noch durchaus überschaubar, heute treten meist um die 50 Kähne gegeneinander an. Da ist Stechen und Hauen vorprogrammiert, insbesondere an der engen Wendestelle »Nadelöhr«, wo viele ihre zuvor hart erstocherten Meter im Gerangel wieder »davonschwimmen« sehen. Spätestens hier ist es mit der Contenance vorbei, denn alle wissen, wer als Letzter ins Ziel kommt, ist fällig. Lange ist es noch gar nicht her, da gab es Verweigerer. Ihr »Lebertran, nein danke« büßten sie mit Disqualifikation, und die Vorletzten, mental auf den zähflüssigen Gesundbrunnen nicht vorbereitet, mussten den Part übernehmen.

Wie erstrebenswert der erste Platz ist, wissen allein die Gewinner, denn die dürfen und müssen das Rennen im Folgejahr ausrichten. 2016 aber stand die Sache Spitz auf Knopf. »Schöner wohnen«, so sah es zumindest ein Schwan, ließe es sich doch am Nadelöhr, und erbaute genau hier seine unübersehbar große Kinderstube. Doch das Tier war mit nichts auszutricksen, und so entschloss sich das Ordnungsamt letzten Endes zur Zerstörung des Nestes.

An anderen Tagen zeigt sich der Neckar geruhsamer. Hölderlinturm und Stocherkähne gehören für das Bilderbuch-Idyll zusammen wie Butter und Brot, auch wenn es mittlerweile sechs Anlegestellen gibt. Dabei ist es noch gar nicht lange her, da kam der Neckar ohne Stocherkähne aus. Bei der Frage, wie die weltweit bekannten Flachboote nach Tübingen kamen, stochert man noch immer im Dunkeln. Vielleicht ist an dem Ammenmärchen, dass der Prager Student Johannes Kepler zu seinem Studium in Tübingen eine Moldauzille mitgebracht haben soll, doch etwas dran.

Adresse Anlegestelle Hölderlinturm, Bursagasse 6, 72070 Tübingen | **ÖPNV** vom Haupt-
bahnhof aus in 5 Minuten zu Fuß erreichbar | **Tipp** Nicht das älteste seiner Art, aber dennoch
ganz schön in die Jahre gekommen, hat das 1958 gegründete Zimmertheater für zeitgenössisches
Theater zum Renommee der Stadt beigetragen. Steht etwas Heiteres auf dem Programm, geht
es in der Tat zum Lachen in den Keller (www.zimmertheater-tuebingen.de).

88 Die Stolpersteine

Wo Geschichte begehbar ist

Die Idee zu den heute über 56.000 in 20 Ländern verlegten Stolpersteinen und damit zum weltweit größten dezentralen, immer noch wachsenden Mahnmal entstand im Jahr 1990. Damals zog Aktionskünstler Gunter Demnig im Gedenken an die 1940 deportierten Sinti und Roma eine weiße Farblinie quer durch die Kölner Südstadt. Dass den Anwohnern gar nicht bewusst war, dass genau hier Angehörige dieser Minderheiten gelebt hatten, ließ den Gedanken reifen, genau dort an die dunkle Geschichte des Nationalsozialismus zu erinnern, wo sie stattgefunden hatte.

Handgefertigte, kleine, auf Pflastersteine montierte Messingplatten tragen Namen und Lebensdaten der NS-Opfer. Anfangs fertigte Demnig die Täfelchen selbst, mittlerweile wird er aufgrund der meist positiven Resonanz seit der ersten Verlegung 1992 in Köln von dem Berliner Künstler Michael Friedrichs-Friedländer unterstützt.

Stolpersteine für die Stolpersteine legten Bürokratie, Fiskus und Projektgegner in den Weg. Amtliche Genehmigungen gingen der praktischen Umsetzung voraus, und das Finanzamt bewertete die Aktion nicht als künstlerische Tätigkeit. Diese strittige Frage ist mittlerweile vom Tisch. Und obwohl Demnig mit vielen Preisen und dem Verdienstorden der Bundesrepublik Deutschland ausgezeichnet wurde, erheben sich aus der Bevölkerung immer wieder kritische Stimmen. Manche fürchten Attacken aus der rechten Szene. Auch eingravierte Begriffe aus dem NS-Jargon befördern den Disput. Die Meinung, dass Opfer einmal mehr mit Füßen getreten werden, teilt Demnig nicht. Denn wer die kleinen Inschriften lesen möchte, wird sich vor den Genannten verbeugen. Immer und überall darf er seine Steine dennoch nicht verlegen.

In Tübingen aber machten sich die Kirchengemeinden Eberhard und St. Michael sowie der Verein Lorettina für die Sache stark, und so fanden schließlich 27 Stolpersteine 2011 ihren Platz in der Südstadt.

HIER WOHNTE
MARTIN ERLANGER
JG. 1868
FLUCHT 1937
USA
ÜBERLEBT

HIER WOHNTE
FANNY ERLANGER
GEB. OPPENHEIMER
JG. 1880
FLUCHT 1937
USA
ÜBERLEBT.

HIER WOHNTE
DR. HELMUT
ERLANGER
JG. 1908
FLUCHT 1933
SCHWEIZ
USA
ÜBERLEBT

HIER WOHNTE
WALTER ERLANGER
JG. 1911
FLUCHT 1933
SCHWEIZ
NIEDERLANDE
ÜBERLEBT

Adresse zum Beispiel Christophstraße 15, Fürststraße 7, 72072 Tübingen | **ÖPNV** Vom Hauptbahnhof sind die nächstgelegenen Stolpersteine in der Christoph- und Fürststraße in wenigen Minuten zu Fuß erreichbar. | **Tipp** Pausieren lässt sich bei schwäbischer Hausmannskost im »Herzog Ulrich« mit kleinem Biergarten. Das Gebäude mit Neorenaissancefassaden wurde 1902 von der Brauerei Marquardt als Gaststätte erbaut. Noch etwas betagter als das Gebäude ist hier ein Gullydeckel aus dem Jahr 1900 an der Ecke Christophstraße / Ulrichstraße – einer der ältesten in Tübingen.

89__Der Streitkultur e. V.

Hier sind Zwietrachten in Mode

Verschiedene Standpunkte, Streit und hitzige Debatten gibt es seit jeher. Mal geht es um alles, mal um nichts, ums Weltgeschehen oder auch um Banalitäten. Viele Themen liefern Stoff, um uneins zu sein.

Manche Streitigkeiten gehören nicht gerade zu galanten Highlights der Kommunikation, doch der Schlagabtausch bei der »Streitkultur« ist eine völlig andere Sache. Hier wird auf hohem Niveau gestritten, nach Regeln, um Meisterschaftstitel. Es geht um Wissen, messerscharfe Rhetorik, um Überzeugungskraft und Argumentationstechniken, Fähigkeiten, die letzten Endes Kultur und Gesellschaft beleben. Nicht umsonst schreibt sich der Verein Heraklits Worte auf das Banner: »Streit ist der Vater aller Dinge«.

Der älteste Debattierclub in Deutschland wurde von Studenten der Universität 1991 als »Tübinger Debatte« aus der Taufe gehoben. Und die »Größte Klappe Tübingens« bekommt seit 1997 sogar einmal im Jahr einen Förderpreis vom Seminar der Allgemeinen Rhetorik. Den Kinderschuhen ist er lange schon entwachsen, und seit der Anfangszeit hat sich einiges verändert. Deutschlandweit finden sich heute viele politisch neutrale Debattierclubs, so auch der 2001 etablierte Tübinger Verein »Streitkultur«, der wenige Jahre später mit dem Tübinger Debattierclub fusionierte. Turniere und Wettstreite aller Art sind seither auf nationaler wie auf internationaler Ebene immer wieder anspornende Events, um sich im Streiten, im Pro und Contra zu messen. Dazu gehören von der Wochenzeitschrift ZEIT unterstützte Turniere ebenso wie die Baden-Württembergische Meisterschaft und sogar die Weltmeisterschaft. Dabei mischt die »Streitkultur« ganz oben mit. Wirklich langen Atem und graue Zellen in Topform brauchten die Debattanten für einen ganz besonderen Weltrekord: Sage und schreibe 40 Stunden lang ging es 2007 im Wortgefecht um das Thema »Brauchen wir mehr Gerechtigkeit?«.

Adresse Reguläre Debattenabende finden während des Semesters an zwei Orten statt. Di 20 Uhr, Neue Aula, Hörsaal 4, Geschwister-Scholl-Platz, 72074 Tübingen; Do 18 Uhr, Alte Physik, Gmelinstraße 6, 72074 Tübingen (www.streitkultur.net) | **ÖPNV** diverse Busse, Haltestelle Uni / Neue Aula | **Tipp** Die Studentenkneipe Unckel direkt neben der Mensa Wilhelmstraße wurde ab 1900 mit einem kurzen Zwischenspiel anderer Pächter als »Weinstube von Fritz Unckel« geführt. 1953 übernahm Enkelin Rosa das Lokal und war den Studenten eine mütterliche Seele. Studenten und Fassade sind auch unter neuem Pächter geblieben.

90 Der Synagogenplatz
Wo einem die Worte fehlen

Nach der Vertreibung aller Juden durch Eberhard im Bart 1477 entwickelte sich in Tübingen erst Mitte des 19. Jahrhunderts wieder eine kleine jüdische Gemeinde. 1882 konnte eine neue, von klassizistischer Formgebung und maurischem Fassadendekor geprägte Synagoge auf dem Areal der heutigen Gartenstraße 33 feierlich eingeweiht werden. Nach 46 Jahren aber fühlten sich im Januar 1928 Vandalen dazu berufen, ein Fenster mit Steinen zu zertrümmern. Das Schreckgespenst Antisemitismus warf seine Schatten voraus. Im Zuge der Verbreitung der nationalsozialistischen Ideologie bekamen Repressalien gegenüber damals knapp 90 jüdischen Einwohnern zunehmend schärfere Züge. Auch hier ging während der Reichspogromnacht am 9. November 1938 unter Regie des Kreisleiters Hans Rauschnabel die Synagoge nach vorheriger Plünderung in Flammen auf.

In dieser Zeit wohnten die Frankenbergs, Nachfahren eines schlesischen Adelsgeschlechts, direkt gegenüber. Der 16-jährige Sohn der Familie, Richard-Alexander Ruthard Edi Wolf Eberhard von Frankenberg und Ludwigsdorff, hatte selbst als »jüdischer Mischling zweiten Grades« immer wieder Demütigungen hinnehmen müssen. Trotzdem war er in jener Nacht couragiert genug, um hinauszugehen und ungeachtet des strengen Verbots die lichterloh in Flammen stehende Synagoge zu fotografieren. Aus Briefen zwischen Richards Mutter und Lilli Zapf geht hervor, dass ein Uniformierter zwar in Richards Fotoapparat den Film zurückspulte, belichtet wurde er dabei aber nicht, und so blieb die Aufnahme als Dokument des Verbrechens erhalten.

Bis in der Gartenstraße ein adäquates Denkmal errichtet werden konnte, bedurfte es zwischen 1978 und 2000 einiger Anläufe. Fragmente der ehemaligen Synagoge sind in den Keller einer 1998 neu gebauten Wohnlage integriert und deshalb für die Öffentlichkeit unzugänglich. Erhalten blieben auch die kleine Eingangstreppe und ein Metallzaun.

Adresse Synagogenplatz, Gartenstraße 33, 72074 Tübingen **| ÖPNV** Bus 22, Haltestelle Jugendherberge **| Tipp** Ein Symbol ganz anderer Religion ziert den Terrassenbereich des Restaurants »Delhi Palace« gleich neben dem Synagogenplatz. Golden glänzt hier unübersehbar der Stier Nandi, der Glückliche, der in der indischen Mythologie als Reittier und Diener der bedeutenden hinduistischen Gottheit Shiva eine Rolle spielt.

91__Der Tatort bei Frau Hopf im Schlosscafé

Immer wieder sonntags

Wenn es bei Frau Hopf kriminell wird, bleiben selbst Hasenfüße gefasst. Keiner wird panisch, und doch liegt Spannung in der Luft. Schließlich ist es Sonntag, 20.15 Uhr und Zeit für die erfolgreichste Krimiserie zwischen Kiel und Wien. Der »Tatort« ist Kult und hat sich seit seinem Auftakt am 29. November 1970 mit Kommissar Trimmel in »Taxi nach Leipzig« zu einem populären Wochenendritual entwickelt.

Das Land hat seither viele Kommissarinnen und Kommissare gesehen, die von ganz eigenem Charakter geprägt rund um die dunkle Seite menschlichen Seins in allen denkbaren Schichten der Gesellschaft ermittelt haben, selbstredend stets mit Erfolg. Einzig konstant geblieben ist der Part von Horst Lettenmayer. Ein Tag am Set, 400 Mark Gage, und die Sache war im Kasten. Das Ergebnis war der 32 Sekunden lange, mit den Jahren cool gewordene Vorspann. Seit 1970 kaum verändert, blickt ein Augenpaar hin und her, rennen Beine über nassen Asphalt und wehren Hände das Licht von Scheinwerfern ab. Noch ein Auge im Fadenkreuz, und zur besten Sendezeit beginnt die Story der quotenträchtigen Serie um Mord und Totschlag, Lug und Betrug. Ein großer Schauspieler ist aus Lettenmayer nie geworden. Nur einmal noch besann sich 1989 die ARD für eine kleine Nebenrolle im Schimanski-Tatort »Der Pott« auf ihn. So ging Lettenmayer andere Wege, wechselte in die Lampenbranche und verdient sich heute eine goldene Nase.

Im ehemaligen Schlosscafé war Public Viewing nicht geplant. Aber da sonntags seltener der Bär steppt, gönnte sich die Belegschaft ein wenig Krimi. Die Gäste waren sofort mit dabei, und so etablierte sich der Sonntagabend mit »Tatort« und vielleicht auch Bier und Burger zu einem beliebten Ritual. Mittlerweile jagen hier die Kommissare regelmäßig Verbrechern nach und halten der Gesellschaft mit ihren Milieustudien immer wieder einen Spiegel vor.

Adresse Frau Hopf im Schlosscafé, Burgsteige 7, 72070 Tübingen | **ÖPNV** vom Haupt-
bahnhof in 15 Minuten zu Fuß erreichbar | **Öffnungszeiten** täglich 10.30 – 24 Uhr, Sa, So
entsprechend Sperrstunde | **Tipp** In der Burgsteige mit einigen der ältesten Häuser lebte
im Gebäude mit der heutigen Hausnummer 18 Friedrich Theodor Vischer. Als Philosoph,
Kunst- und Literaturhistoriker, Schriftsteller, Theologe, Politiker, Professor und maßgebliche Autorität der philosophischen Ästhetik des 19. Jahrhunderts bezog er zu allen Fragen
seiner Zeit Stellung. Seine Meinung war geschätzt und gefürchtet gleichermaßen.

92__Der Theatersport

Wo Scheitern gefragt ist

Was haben Albert Einstein, Maiglöckchen und Karomuster in einem einzigen Satz verloren? Oder wie kann ein sinniger Reim Stichworte wie Stuttgart 21, Kleopatra und Schneckenhaus miteinander verbinden?

Meister des Theatersports vermögen, ausgestattet mit Improvisationsregeln und ein paar Requisiten, hinreißend mitreißend und raffiniert überraschend oft bizarrste Satzfragmente gemeinsam zu guten Storys zu formen: blitzschnell gegenwärtig im Moment agieren, das Gegenüber wahrnehmen, assoziieren, Ideen im nächsten Augenblick verwerfen, loslassen und alltägliche Denkstrukturen gewohnter Schlussfolgerungen aushebeln – ein steter Spagat zwischen Denkbarem und Undenkbarem und vielleicht auch die Lust am Scheitern. Dabei sind auswendig gelernte Texte oder Absprachen tabu. Bei jeder Runde des Spielablaufs lauert für die Schauspieler der Sprung ins eiskalte, fast gefrorene Wasser.

Der Begriff Theatersport geht auf den englischen Dramaturgen und Regisseur Keith Johnstone zurück, der schon Mitte der 1950er Jahre am Londoner Royal Court Theatre mit diesem Format experimentierte. Zwar hatte er auf seiner Suche nach neuen Theaterformen sowohl Comedy als auch ernstes Theater im Blick, weltweit etabliert hat sich bislang aber die humoristische Variante. Volker Quandt, Leiter des Tübinger Harlekin Theaters und Verlags, begegnete Johnstone 1981 im Kopenhagener Turnus Teatret. Völlig unerwartet mussten alle ran. »Und plötzlich improvisierte ich mit Leuten, die viel Erfahrung hatten, und irgendwie hat es funktioniert.«

Seit der ersten Tübinger Theatersport-Vorstellung am 13. Januar 1990 ist schon viel Wasser den Neckar hinuntergeflossen. Manche Spielregeln sind vom Tisch, andere Varianten kamen dazu. Neben Theatersport, Shows und Workshops etablierte sich auch Improvisation für feste Stücke, egal, ob Grusel, Seifenoper oder Shakespeare. Dem Repertoire sind keine Grenzen gesetzt.

GRENZENLOS

— EIN IMPROVISATORISCHES GESAMTKUNSTWERK
MIT THEATER, MUSIK, TANZ UND MALEREI

Harlekin Theater in Kooperation mit dem LTT

**25
JAHRE
THEATERSPORT IN
TÜBINGEN!**

Adresse Wilhelmstraße 103, 72074 Tübingen, www.harlekintheater.de | **ÖPNV** Das Harlekintheater hat wechselnde Spielstätten, eine »zuverlässige« Adresse in Tübingen ist das Landestheater, Eberhardstraße 6, 72072 Tübingen, vom Hauptbahnhof aus in wenigen Minuten zu Fuß erreichbar. | **Tipp** Seit Ende der 1970er Jahre hat das Landestheater nach Umbauten in der ehemaligen Stuhlfabrik Schäfer einen Stammsitz gefunden (www.landestheater-tuebingen.de). Hier wurden zwischen 1900 und 1973 Stühle produziert. Um deren Robustheit zu demonstrieren, durften 1953 sogar Elefanten auf die Sitzgelegenheiten steigen.

93 __ Das Thiepval-Areal

Nägel werden immer geschlagen

Wenn der mediterran-mondäne Palazzo friedlich in der Abendsonne glänzt, mag man kaum glauben, wie viele Geschichten die ehemalige Füsilier-Kaserne wohl schreiben könnte. Heute genießen verschiedene Behörden, Institutionen und Wohnungsmieter das florentinische Flair. Aber früher gingen hier andere ein und aus.

Tübingens Stadtschultheiß August Friedrich Rapp erfuhr es erst 1868, als Justiz-, Finanz- und Kriegsminister die Sache bereits beschlossen hatten: Ein Infanterie-Bataillon sollte im Städtchen untergebracht werden. Dabei erwies sich das »Wo« als Knackpunkt. Pfleghof und das alte Postgebäude waren den Herren zu klein. Mit Nachdruck liebäugelte man mit dem damals neuen Gerichtshof und dem Heckenhauer'schen Anwesen. Der Kreisgerichtshof könne laut Vorschlag der Minister nach Reutlingen verlegt werden. Angesichts des ohnehin nicht besten Verhältnisses zur Nachbarstadt war das für Tübingen keine Option. Das Gebäude – ja, die Institution – nein, war letzten Endes das Angebot von Gemeinderat und Bürgerausschuss.

Oft kommt es anders, als man denkt, und so passierte in dieser Angelegenheit erst einmal gar nichts. Nach Ende des Deutsch-Französischen Kriegs und dem »Vorfrieden von Versailles« kam das Ganze 1871 wieder auf den Tisch. Die öffentliche Meinung im Ländle hatte sich derweil um 180 Grad gedreht, und man bat beim Kriegsministerium sogar um die Verlegung einer Garnison nach Tübingen. Schließlich versprach man sich davon eine Ankurbelung der Konjunktur. In Anknüpfung an die Verhandlungen von 1868 wurden entsprechende Zugeständnisse gemacht. Das Gerichtsgebäude, ein Bauplatz südlich der Bahn sowie ein Übungsplatz im Wankheimer Täle sollten überzeugen. Das taten sie am Ende auch, und so entstand für das 7. Württembergische Infanterieregiment zwischen 1873 und 1875 Tübingens erste Kaserne auf dem Thiepval-Areal im Stil der italienischen Frührenaissance.

Adresse Thiepval-Areal, Hegelstraße 5, 72072 Tübingen | **ÖPNV** vom Hauptbahnhof in wenigen Minuten zu Fuß erreichbar | **Tipp** Im ehemaligen Stabsgebäude der Thiepval-Kaserne, heute das Wohnprojekt Schellingstraße 6, öffnet einmal pro Woche die Hausbar ihre Tür. Musik, Getränke und vegane Snacks stehen genauso auf dem Programm wie Chillen und Unterhaltung (www.schellingstraße.de).

94_Das Tübinger Fass

Wo trockenes Nass gefragt war

In früheren Zeiten spielte Wein als Getränk eine große Rolle. Während des 15. und 16. Jahrhunderts, der »Hauptzechperiode des deutschen Volkes«, lag der Pro-Kopf-Verbrauch mit 150 bis 200 Litern bis zu achtmal höher als heute. Gelegenheiten, den edlen Tropfen zu frönen, fanden sich immer und überall. In jenen Tagen, so heißt es, erfreute man sich im 1536 gegründeten Stift an einem Weinvorrat von 72.000 Litern. Bis zu eineinhalb Liter täglich verschwanden hier in einer einzigen Kehle, für Studenten gab es die Hälfte.

Selbstredend war man auch oben auf Hohentübingen dem beliebten Sorgenbrecher mit vollmundigem Bukett zugetan, und so beauftragte Herzog Ulrich 1546 den Bönningsheimer Küfer Simon damit, ein ordentliches Weinfass zu zimmern. Bei einem stolzen Fassungsvermögen von 84.000 Litern gab es zunächst nichts auszusetzen. Befüllt wurde es indes nur zweimal, denn bald stellte sich das Ganze als »Mogelpackung« heraus. Aus offenbar zu kurz gelagertem Holz von 90 Eichen gebaut, war das Fass undicht, und so tropfte einmal Burgunder und das andere Mal der Tübinger Pfalzhaldenwein langsam, aber stetig heraus. Heute als weltweit ältestes Fass berühmt, verweist es das ebenfalls undichte Heidelberger Fass aus dem Jahr 1751 auf Platz zwei.

In dem riesigen Gewölbe unter Schlosshof und Rittersaal steht das nunmehr ein wenig wurmstichig gewordene Tübinger Fass noch heute an derselben Stelle wie anno dazumal. Wer es vor 1991 besichtigt hat, zählt zu den Glücklichen, denn danach war mit Sightseeing in der spannenden Unterwelt Hohentübingens erst einmal Schluss. Eine Mausohren-Population hatte damals den Keller für sich entdeckt und hängt seither insbesondere während der Sommermonate an der Decke.

Fledermausschützer, Gemeinderat und Oberbürgermeister Palmer sind über eine zeitnahe Möglichkeit erneuter öffentlicher Fass-Besichtigungen im Gespräch.

Adresse Schloss Hohentübingen, Burgsteige 11, 72070 Tübingen | **ÖPNV** vom Hauptbahnhof in 15 Minuten zu Fuß erreichbar | **Öffnungszeiten** derzeit noch nicht zu besichtigen | **Tipp** Durch den Westflügel des Schlosses führt ein zweigeteilter Tunnel über das Schänzle mit Blick in den »Hasengraben« zur Schlossbergstraße. Hausnummer 7 ist nicht zu übersehen, denn hier steht das prächtige »Igelhaus« der Akademischen Verbindung Igel von 1902. Architekt Adolf Schiedt hatte sich bei der Konzeption des Gebäudes vom Schweizer Schloss Thun inspirieren lassen.

95 Der Tübinger Neckar

Hier sind Ausnahmen die Regel

Meist geht es am Neckar beschaulich zu. Vor allem im Sommer überschatten allein mächtige Platanen das Idyll, hier und dort begleitet von Stocherkähnen, stolzen Schwänen und Enten. Der schmale Zwingel entlang der alten Bruchsteinmauer an der Neckarfront verspricht einen Platz an der Sonne, und schmucke Blumengebinde an der Eberhardsbrücke schmeicheln mit kräftigen Farben Auge und Gemüt.

Aber der Neckar kann auch anders. Da rückt sportiver Kampfgeist in den Vordergrund, selbst Belagerung durch zig knallbunte Luftmatratzen hat es schon gegeben. Entscheiden Schnelligkeit und Raffinesse das Stocherkahnrennen, so spielt beim Entenrennen allein das Glück die entscheidende Rolle. Denn die Teilnehmer sind nun einmal kleine, hohle Kunststofftiere ohne jegliche Muskelkraft oder sportives Know-how. Allein Startplatz, Strömung, Windverhältnisse und purer Zufall entscheiden, welcher quietschfidele Draufgänger unter Hunderten, gar Tausenden dicht an dicht das Rennen macht. Die Guten lassen sich einfach treiben, und wenn der Kopf trotz Metallgewicht an der Unterseite doch einmal im Gedränge unter Wasser kommt, stört das keine einzige Ente. Das stoische Lächeln bleibt dasselbe.

Weniger gelassen zeigen sich meist im Oktober am großen Wettkampftag die Paten des federlosen Vogelviehs. Atemanhalten, Fiebern und kurioserweise Anfeuern ist das Mindeste. Schließlich hat man für die Adoption in barer Münze bezahlt, und es locken von ansässigen Firmen gestiftete Preise. Die Helfer außerhalb des Wassers sind rund ums Entenrennen ehrenamtlich am Start, denn als Charity-Veranstaltung kommt der Erlös Jahr für Jahr seit 1999 unterschiedlichen sozialen Projekten zugute.

Das Tübinger Spektakel mit Kultstatus gilt als eines der ältesten und größten Rennen in Baden-Württemberg. Die Idee eines findigen kanadischen Werbestrategen ist vor Jahren über den großen Teich herübergeschwappt.

Adresse Neckarinsel mit Alleen- und Eberhardsbrücke, 72072 Tübingen | **ÖPNV** vom Hauptbahnhof aus in wenigen Minuten zu Fuß erreichbar | **Tipp** Der beste Ort, um das Neckar-Idyll oder das Ziel von Rennen aller Art aus der »Vogelperspektive« zu beobachten, ist ein Fensterplatz im Chinarestaurant »San Bao«; Neckargasse 22, 72070 Tübingen.

96___Der Tübinger Tierpark

Da gab es Brüllen, Bellen, Knurren und Piepsen

Die tierisch turbulente Welt am Fuß des Spitzbergs, einstiges Aus-
flugsziel mit Sensationscharakter, lockte nicht nur Tübinger an. Selbst
König Wilhelm II. von Württemberg fand mit seinen beiden Enkeln
im Juni 1907 den Weg hierher. Just einen Monat zuvor hatte der Tübinger Eugen Mannheim auf dem Areal des Burgstalls Ödenburg
seinen Tiergarten nebst Gastronomie eröffnet – ein Publikumsma-
gnet, der sich sehen lassen konnte.

Schon von Kindesbeinen an mit Leib und Seele der Tierwelt verschrieben, witterte Mannheim 1906 seine Chance. Damals konnte er
am Spitzberg ein rund sieben Hektar großes historisches Fleckchen
Erde erwerben und endlich seinen Traum von einem kleinen Privat-
zoo mit Affen, Papageien, Bär und Bernhardiner verwirklichen. Von
da an gab es kein Halten mehr. In nur einem Jahr verwandelte er von
unglaublichem Elan beflügelt Wald und Wiesengrund in eine »tierische« Attraktion nebst Wirtschaftsgebäuden, Scheunen und zahlreichen Gehegen. Zupass kam ihm, dass gerade in dieser Zeit der große
Nill'sche Tierpark in Stuttgart aufgeben musste. Mannheim kaufte
waggonweise Käfigmaterial sowie einen Teil des Tierbestandes auf,
sodass bald schon allerlei Exoten den neuen Zoo bevölkern konnten.
Eisbären trotzten hier dem schwäbischen Klima genauso wie Robben
und ein Alligator. Auch Raubkatzen, allen voran ein Bengal-Tiger,
dazu Pumas und Ozelots, versetzten Besucher für 20 Pfennig Eintritt in Erstaunen.

Lange konnte die tierische Gemeinschaft indes nicht bleiben,
denn schon drei Tage nach Ausbruch des Ersten Weltkriegs 1914
wurde Mannheim eingezogen. So verkaufte er seine Tiere an andere
Zoos und 1919 schweren Herzens schließlich den gesamten Park.
Viel ist nicht geblieben, obwohl an der Ruine mit skurrilem Flair
noch deutlich ein Gehege zu erkennen ist. Und war hier nicht gerade das Gebrüll von Raubkatzen zu hören, oder rauscht da nur der
Wind in den Wipfeln?

Adresse im Wald bei der Ödenburg 1, 72070 Tübingen, Koordinaten 48.508280, 9.024752 | **ÖPNV** Bus 20, Haltestelle Rappenberg; von hier die Rappenberghalde weiter stadtauswärts bis zum Abzweig Untere Sonnenhalde rechter Hand, nach etwa 200 Metern links in eine kleine Straße | **Tipp** Von der Rappenberghalde aus weiter Richtung Hirschau liegen nach dem Spitzbergsporn alte Weinberge am Südhang, die, einst von Tübingens Gôgen bestellt, Ende des 19. Jahrhunderts aufgegeben wurden. Geblieben sind Hangterrassen, verfallende Staffeltreppen und verlassene Wengerter-Hütten in einem Naturschutzgebiet.

97 — Die Umsonstläden

Feierabend für Langfinger & Co.

Alternativen zu kapitalistischen Wirtschaftsstrukturen lebten die Diggers, eine politisch ambitionierte Aktionsgruppe der späten 1960er Jahre, in San Francisco vor. Als Pioniere praktisch angewandter Gesellschaftskritik etablierten sie die ersten »Free Stores«, die gewohnte Konsummuster und klassische Wertlogik aus den Angeln hoben.

Den Sprung über den großen Teich schaffte die Idee der »Kost-Nix-Läden« im Jahr 1999. Auf Initiative von Hilmar Kunath öffnete in Hamburg-Altona der erste Umsonstladen der Republik seine Tore. 15 Jahre später sind im deutschsprachigen Raum über 80 vergleichbare und teilweise noch vielseitigere Projekte zu finden, die durch kreative Ideen weitere neue Wege einschlagen.

Die Umsetzung der Umsonst-Ökonomie führt Wegwerf-Mentalität und konsumorientierter Überflussgesellschaft neue Möglichkeiten im nachhaltigen Umgang mit Gebrauchsgütern vor Augen. Dabei geht es nicht um Tauschgeschäfte. Nehmen erfordert kein Geben. In Umsonstläden können intakte Dinge jeglicher Art abgegeben werden. Und wer etwas sucht, wird vielleicht fündig. Beweggründe für Betreiber können Kapitalismuskritik, Sozialethik, Umweltschutz oder verantwortungsbewusster Zeitgeist sein.

In Tübingen führen gleich zwei selbst verwaltete Wohnprojekte einen Umsonstladen. In der Schellingstraße 6 fing es mit einer kleinen Ecke im Hausflur an. Seit 2008 steht ein Kellerraum mit deutlich mehr Platz zur Verfügung. Bewohner der Ludwigstraße 15 starteten 2007. Beiden gemein ist, dass sich die Läden nicht als Dienstleistung verstehen. Durch die ehrenamtliche Organisation bleibt der Arbeitsaufwand überschaubar, zumal sich Nutzer daran beteiligen können. Wer etwas bringt, stellt es selbst in den Laden, wer etwas nimmt, zahlt »Nullkommanichts«. Von Bedeutung ist der Gebrauchswert, nicht der Warenwert. Dennoch sind kleine Spenden für anfallende Betriebskosten gern gesehen.

Adresse Schellingstraße 6, 72072 Tübingen beziehungsweise Ludwigstraße 15, 72072 Tübingen | **ÖPNV** Bus 5, Haltestelle Schellingstraße beziehungsweise Bus 4, 8, Haltestelle Sternplatz | **Öffnungszeiten** Mi 16–23 Uhr, Sa 12–19 Uhr beziehungsweise Do 18–21 Uhr, So 15–18 Uhr | **Tipp** In verschiedenen Wohngebieten Tübingens, vor allem im Französischen Viertel, gehören »Giveboxen« zum Straßenbild. Hier werden allerlei gebrauchte Dinge als Geschenk an die Allgemeinheit abgestellt.

98__Die Vogelherd-Figuren

Wo manche kopflos sind

Im Schlossmuseum der Universität Tübingen herrscht ein wenig Eiszeit. Zumindest in einem Raum, in dem gleich ein ganzer Zoo mit kleinen geschnitzten Skulpturen aus Mammutelfenbein frühe Kunst des Jungpaläolithikums in Europa dokumentiert.

Die Entdeckung von elf nur zentimetergroßen, teilweise verzierten Tierskulpturen in der Vogelherdhöhle ist genau genommen einem Dachs zu verdanken. Bei dessen Bau auf einem 20 Meter hoch über der Lone gelegenen Sporn erkannte im Mai 1931 Heimatforscher Hermann Mohn steinzeitliche Feuersteinfragmente. Meister Grimbart hatte sie beim Graben seiner Behausung ganz nebenbei herausgeschaufelt. Mohn informierte den Tübinger Prähistoriker Gustav Riek, der schon wenige Wochen später vor Ort Grabungsarbeiten einleitete. Eine weise Entscheidung, denn nach Freilegung der Vogelherdhöhle gaben zwei unterschiedliche Gesteinsschichten kleine, vor rund 40.000 Jahren geschaffene Kunstwerke frei. Neben Mammuts, Ren, Bär und Raubkatzen zählt auch das nur 4,8 Zentimeter große Wildpferdchen mit seiner elegant geschwungenen Form als Meisterwerk vom Vogelherd dazu. Vollständig erhalten sind die Figuren meist nicht. Hier und da fehlen Teilstücke, einem Höhlenlöwen neben Beinen und einem Teil des Rumpfes sogar der ganze Kopf.

Dem konnte 2013 »ein Stück weit« geholfen werden. Unter Regie des Archäologen Nicholas Conrad starteten im Jahr 2005 erneut Grabungen und Sichtungen des Riek'schen Abraums. Als Auftakt jahrelanger Sisyphusarbeit wurden nach und nach 32.000 Säcke voll Erdreich und Gestein in eine Halle bei Blaubeuren gebracht. Und just an ihrem ersten Praktikumstag entdeckte Archäologiestudentin Maria Lykoudi beim Durchsieben des Vogelherd-Materials einen winzigen Löwenkopf, der zum Torso der 1931 gefundenen Figur gehörte und mit lösbarem Klebstoff wieder befestigt wurde. Seither sind die kopflosen Zeiten für den Höhlenlöwen vorbei.

Adresse Museum der Universität Tübingen MUT, Burgsteige 11, Schloss Hohentübingen, 72070 Tübingen, Tel. 07071/2977384, www.unimuseum.uni-tuebingen.de/museum-schloss | **ÖPNV** vom Hauptbahnhof in 15 Minuten zu Fuß erreichbar | **Öffnungszeiten** Mi, Fr–So 10–17 Uhr, Do 10–19 Uhr, Gruppenführungen außerhalb der Öffnungszeiten möglich | **Tipp** Eine besondere Abteilung widmet sich hier Schätzen des Alten Ägypten, darunter eine sehr seltene Sternuhr, Sarkophage und die Opferkammer einer Grabanlage aus Gizeh.

99_Die Wagenburg
My home is my castle

Es geht auch ganz anders: Alternative Lebenskonzepte halten ohne radikale Abgrenzung oder Verweigerung der im Hamsterrad von Produktion und Konsum gefangenen Industriegesellschaft den Spiegel vor. Unter vielen Beispielen wie Arbeitskooperativen oder Tauschhandel sind alternative Wohnkonzepte wie die Tübinger Wagenburg im Südosten des Französischen Viertels am augenscheinlichsten.

Ob aus Not, Überzeugung oder beidem heraus rollten 1991 die ersten Wagen an. Der Platz wurde besetzt, und das Gerangel mit der Obrigkeit begann. Erst zwei Jahre später wurde die Wagenburg offiziell geduldet. 1995 konnte ein Pachtvertrag mit der Stadt Tübingen geschlossen werden.

Klingt einfach, war es aber nicht, vor allem in der Zeit, als sich neben der Wagenburg »Kuntabunt« die zweite Wagenburg »Bambule« anzusiedeln begann. Nomen est omen: im Februar 1993 gab es richtig Bambule. Eine zweite Wagenburg schien zu viel des Guten, die Polizei rückte an, transportierte die beschlagnahmten Wagen ab, kettete sie aneinander und forderte »Lösegeld«. Was tun, wenn einem das Dach über dem Kopf genommen wird? Die nunmehr obdachlos gewordenen Wagenburgler richteten sich für Tage unter den Arkaden des Rathauses ein. Selbst im kalten Februar dürfte es damals manchen Stadtvätern zu heiß geworden sein. Man lenkte ein, gab die Wagen zurück und gestattete die »Landnahme« neben der »Kuntabunt«.

Seither ist viel passiert. Die Wagenburgler – heute Kuntabunt e. V. und Bambule e. V. – haben sich eingerichtet, viele Wagen hinter dem Palisadenzaun sind mehr oder minder angewachsen. Zwar gilt immer noch »Mainstream – nein danke«, der revolutionäre Geist indes hat sich ein wenig verflüchtigt. Doch nach wie vor werden heute Ökologie und gemeinschaftlich orientiertes Handeln großgeschrieben. Vor Quertreibern ist aber auch hier niemand gefeit, menschlich eben und in diesem Punkt wie überall.

Adresse Eisenhutstraße 66, 72072 Tübingen | **ÖPNV** Bus 4, 7, 13, Haltestelle Aixer Straße | **Öffnungszeiten** Besucher sind nach Anfrage über die Homepage willkommen (http://kububabu.eu). | **Tipp** Wer die asphaltierte Straße links der Wagenburg weitergeht, erreicht nach gut zehn Minuten bergauf mitten im Wald im Gewann Salzgarten eine Lichtung. In dem botanisch wertvollen Areal darf dennoch an ausgewiesenen Stellen gegrillt werden, und zweimal im Jahr lodert ein Sonnwendfeuer. Abseits der Wege sollte man im Schindhau auf der Hut sein, denn in dem ehemals militärisch genutzten Gebiet könnten noch Blindgänger und anderes Gefahrengut lauern.

100__ Der Wasserturm

Nur Zentimeter trennen Welten

Seit dem späten 17. Jahrhundert wuchs die Bevölkerungszahl Tübingens abgesehen von unwesentlichen Rückschritten stetig an. Infolgedessen wurde von allem mehr gebraucht, natürlich auch frisches und saubres Trinkwasser. Mitte des 19. Jahrhunderts zeigte sich die Lage zusehends angespannter. Ein Berater musste her, und so klopften Tübingens Stadtväter bei Ingenieur Karl Ehmann an, der verschiedene Gemeinden im Auftrag der Württembergischen Regierung in Sachen Wasserversorgung beriet. Sage und schreibe vier Jahre lang wurden Konzepte ausgetüftelt und wieder verworfen, bis endlich der Bau eines Wasserwerks mit Grundwasserbrunnen unter der Regie von Ehmann und Wasserbautechniker Adolf Wurster beschlossene Sache war. Nun pumpten Hochdruckleitungen vom damals neuen Wasserwerk bei der heutigen Ebertstraße die kostbaren Tropfen in einen 1.600 Kubikmeter fassenden Hochbehälter auf den Österberg. Grund genug für ein Fest, zu dem »für drei Mark Eintritt inklusive Wein jeder Anständige« kommen durfte.

Wassertürme wurden aufgrund topografischer Gegebenheiten mit genügend Höhenlagen für Erdbehälter lange Zeit nicht benötigt. Doch angesichts der gestiegenen Einwohnerzahlen genügten sie spätestens Mitte des 20. Jahrhunderts kaum mehr. Der Anschluss an die Bodensee-Wasserversorgung wurde forciert und 1953 realisiert. Doch die altehrwürdige Universitätsstadt breitete sich weiter und weiter aus. Neubaugebiete sprossen wie Pilze aus dem Boden, und so waren zwangsläufig zusätzliche Wasserspeicher gefragt.

Auf Waldhäuser Ost entstand in diesem Zusammenhang 1973 ein Wasserturm mit höchst eigenwilliger Architektur. Das 50 Meter hohe, runde Bauwerk zeigt – zumindest auf den ersten Blick – eine gemeinsame Fassade mit dem danebenstehenden 18-stöckigen Wohnhaus. Tatsächlich aber berühren sich die beiden Gebäude nicht. Zwischen ihnen klafft eine 40 Zentimeter breite Lücke.

Adresse Tannenweg 4, 72076 Tübingen | **ÖPNV** Bus 2, 3, 4, 5, 6, Haltestelle Pappelweg | **Tipp** Im Stadtteil Waldhäuser Ost steht mit 21 Stockwerken und einer Höhe von 70 Metern im Weißdornweg 14 Tübingens höchstes als Wohnhaus genutztes Gebäude.

101__Das Wildermuth-Denkmal

Wie die Schreiberin, so das Buch

Mit dem einen oder anderen Pfarrer hatte Ottilie Wildermuth es sich verscherzt. Ihr Blick auf die »Prosa des Lebens« war ihnen vielleicht ein wenig zu genau und ihre Feder zu redlich. Auch wenn deshalb ein von manchen Gottesdienern und ehrbaren Bürgern kritisiertes Kapitel aus ihrem Werkzyklus »Schwäbische Pfarrhäuser« aus dem Jahr 1850 gestrichen werden musste, verhalf ihr gerade diese Publikation zu überregionaler Anerkennung. Während der Biedermeierzeit kein leichtes Unterfangen, denn damals wurde eine Schriftstellerin mit Argwohn betrachtet und ganz genau unter die Lupe genommen.

Wie die rechtschaffene, pflichtgetreue Ehefrau, mehrfache Mutter und gute Gastgeberin, allein durch die Hilfe ihrer Mutter unterstützt, auch noch Zeit zum Schreiben fand, wunderte und beeindruckte manche Zeitgenossen gleichermaßen. Dabei war dies noch lange nicht alles, was Ottilie Wildermuths Alltag prägte. Das eher spärliche Einkommen ihres Ehemanns, seines Zeichens Professor für Neuere Sprachen am Tübinger Lyzeum, besserte sie durch Englischunterricht für Mädchen auf. Zudem sozial engagiert, kümmerte sie sich unermüdlich um andere. Auch ihrem langjährigen Freund Justinus Kerner stand sie nach einem schweren Schicksalsschlag zur Seite.

Das Schreiben begleitete sie von Kindesbeinen an. Thematisch bewegte sie sich in ihrer Welt und wollte Bilder des wirklichen Lebens zeigen. So widmete sie sich insbesondere dem Alltagsleben von Frauen, dem sie aus ihrer Perspektive »ergötzliche und poetische Seiten, Quellen des harmlosen Lebensgenusses« einzuflößen vermochte.

Zehn Jahre nach ihrem Tod wurde ihr, von »deutschen Frauen gewidmet«, 1887 im Seufzerwäldchen ein stattliches, von dem regional bekannten Bildhauer Wilhelm Rösch geschaffenes Denkmal aufgestellt. Dem Zahn der Zeit überlassen, sollte es das erste und für 124 Jahre einzige Denkmal für eine Frau in Tübingen bleiben.

OTTILIE WILDERMUTH
gewidmet
von deutschen Frauen

Adresse Platanenallee Neckarinsel, 72072 Tübingen, wenige Meter von der Alleenbrücke aus im Seufzerwäldchen auf der linken Seite des Wegs | **ÖPNV** vom Hauptbahnhof und der Altstadt aus in wenigen Minuten zu Fuß erreichbar | **Tipp** In der Neckarhalde 24 steht ein wenig windschief das Geburtshaus von Ludwig Uhland, der als Zeitgenosse von Ottilie Wildermuth zum Freundeskreis der Familie zählte.

102__Das Willi

Wo immer mal was wegkommt

Auf Nachhaltigkeit, Musik und Kaffeeduft ist im Willi Verlass, auf Interieur und Ambiente dagegen weniger. Als megacooler Secondhandshop für Mobiliar, Fair-Trade-Kleidung, Bilder und allerlei mehr bleibt an der bunt zusammengestellten Einrichtung, arrangiert wie in einer guten Studentenstube, kaum etwas, wie es war. Die kann nämlich vom Teppich bis zur Blumenvase gekauft werden. Von heute auf morgen kann da schon einmal der knuffige Sessel verschwunden sein und sich das Lokalkolorit einmal mehr im wahrsten Sinne des Wortes ändern. Irgendetwas kommt, auf Flohmärkten oder in anderen Secondhandläden erstanden, mit Sicherheit nach, vielleicht ein paar stylish aufgepeppte Hocker oder ein ganz klassischer Stuhl mit pastellfarbenem Polster – Preisschildchen aufgeklebt und fertig. Da macht auch die Schmökerecke mit gebrauchten Büchern und Secondhandspielzeug für die jüngsten Gäste keine Ausnahme.

Mit oder ohne Kauf darf die Einrichtung ohne Wenn und Aber auch als solche genutzt werden. Dabei sind die Verführungskünste des Willi für einen Zwischenstopp auf dem Weg zwischen Universität und Schlummerland, oder wohin der Weg auch gehen mag, enorm. Schließlich wurde dank des aussichtsreichen Konzepts auch an Kulinarisches gedacht. Die kleinen Häppchen, alle selbst gemacht, auch Veganes und Glutenfreies und Bio sowieso, sind zum Niederknien lecker. Herzhafte Snacks, Muffins, Törtchen wie gemalt sowie Pralinen jeglicher Couleur muss man in Tübingen in solcher Qualität und dennoch weitgehend studentisch schmalen Geldborsen angepasst erst einmal finden. Das Angebot an Getränken zieht mit. Wer es eilig hat, bestellt »to go«, wobei das Willi besonderen Wert auf nachhaltig hergestellte und biologisch abbaubare Verpackungen legt. Und besser noch: Wer seine eigene Tasse mitbringt, bekommt ordentlich Rabatt. Eine Idee, die in Sachen Müllvermeidung den richtigen Weg einschlägt.

Adresse Willi, Wilhelmstraße 3/1, 72070 Tübingen | **ÖPNV** diverse Busse, Haltestelle Wilhelmstraße oder vom Bahnhof in 10 Minuten zu Fuß erreichbar | **Öffnungszeiten** Mo–Do 7.30–20 Uhr, Fr 7.30–22 Uhr, Sa 10–22 Uhr, So 10–20 Uhr | **Tipp** Hundertmal läuft man daran vorbei: Die NSDAP-Kreisleitung als Hochburg des Nationalsozialismus in Tübingen war in der Wilhelmstraße 24 untergebracht.

103__ Wüste Welle

Selbst eckige Radios bieten Rundfunk

Nach 1993 begann die große Zeit der Freien Radios. Damals hatten sich die Landesmediengesetze geändert und Frequenzen für nicht kommerzielle Radiomacher freigegeben. Von rechtlichen Grundlagen konnten die Ersten, die es viele Jahre vorher wagten, nur träumen. Als ältestes linksalternatives Radioprojekt nahm sich im Juni 1977 das »Radio Verte Fessenheim« die Freiheit im Äther mit gerade einmal zwölf Minuten Sendezeit. Als zunächst politischer Piratensender, motiviert durch die Anti-Atomkraft-Bewegung der 1970er Jahre, war das kein Zuckerschlecken. Radio Verte gegen den Rest der Welt wäre selbstredend übertrieben, aber die Behörden machten es dem Projekt durchaus nicht leicht.

Tübingens »Freies Radio Wüste Welle« ging 1995 mit den Worten »Hallo Tübingen, hallo Reutlingen, hallo Käffer drumrum« auf der Frequenz 96,6 Megahertz an den Start. Leicht war es auch zu dieser Zeit nicht, wenngleich aus anderen Gründen. Anträge und Satzung wollten formuliert sein. Und die basisdemokratischen, langwierigen Debatten mit annähernd 30 Gründern taugten für vieles, auch für Zermürbung. Die beengten Räumlichkeiten trugen das Ihrige bei. Als Studio diente eine Dachkammer in einem Seitengebäude des Sudhauses Tübingen. Eine steile gewundene Treppe führte hinauf, bei der man es nicht eilig haben durfte.

Und heute? Alles bestens. Der linksalternative Anspruch des Senders hat sich zur Medienpädagogik hin verschoben. Das Studio ist schon lange umgezogen, immer noch Sudhaus, aber vergleichsweise phantastisch groß. Zum Redaktionsstamm kommen weit über 100 Sendungsmacher und Projektteilnehmer hinzu. Denn wer etwas zu sagen hat, wer gehört werden will, dem kann geholfen werden. Nach einem Einführungsworkshop ist der Weg zur eigenen Sendung gar nicht mehr so weit. Apropos eigen: Kein anderes Freies Radio kann sich einer eigenen Big Band mit Musikern aus der Region rühmen.

Adresse Freies Radio Wüste Welle, Hechinger Straße 203, 72072 Tübingen | **ÖPNV** Bus 3, 5, Haltestelle Fuchsstraße | **Öffnungszeiten** Mo–Fr 13–16 Uhr | **Tipp** Wer neben Radio-machen auch noch Ambitionen in Sachen Kunst und Malerei hegt, kann im Nebengebäude in der Künstlerei Malereibedarf und Malunterricht bekommen (www.die-kuenstlerei.de).

104__Das Zinser-Eck

Ein Tropfen auf den heißen Stein

Umwelt- und Klimaschutz werden seit der 2008 ins Leben gerufenen Kampagne »Tübingen macht blau« besonders großgeschrieben. Am Zinser-Eck heißt das Zauberwort Lambada AirClean, denn seit der jüngsten Sanierung sollen 6.000 Quadratmeter schadstoffreduzierende Pflastersteine zur Luftverbesserung beitragen.

Seither weht hier ein Hauch »Modern City« und beschwört mit fünf Meter breiten Gehwegen, Mega-Sitzgelegenheiten und selbstredend viel Grün wie etwa neu gepflanzten Amberbäumen ein völlig neues Lokalkolorit. Autofahren war gestern, könnte man meinen, aber ganz so ist es nicht. Immerhin mit 15 bis 20 Stundenkilometern dürfen Tübingens Fahrzeuglenker momentan zumindest partiell durch die Fußgängerzone mit ihrem farblich nuancierten Hightech-Belag schleichen. Ausgetüftelt wurde das Konzept vom Hamburger Landschaftsarchitekturbüro Breimann & Bruun, das Hirschauer Betonwerk Aichler & Braun lieferte das innovative Pflaster.

Und wer hat es erfunden? Bei dem Wettbewerb »365 Orte im Land der Ideen« stand 2011 das Fuldaer Basaltwerk Franz Carl Nüdling mit auf dem Siegertreppchen. In Zusammenarbeit mit dem Fraunhofer Institut und der Deutschen Bundesstiftung Umwelt wurde das AirClean-Material entwickelt. Um Zauberkunst handelt es sich dabei allerdings nicht, sondern um technische Chemie. Im Wesentlichen wirkt die Betonbeimischung namens Anatas dauerhaft als Katalysator, der auf Sonnenlicht reagiert. Stickstoffdioxid wandelt sich in Nitrat um, setzt sich auf dem Boden ab und wird bei Regen abgewaschen.

Bis zu 20 Prozent Schadstoffreduzierung der Luft wurden bei Versuchen des Fraunhofer Instituts erreicht. Wie es sich am Zinser-Eck im Alltag verhält, hängt von unterschiedlichen Faktoren wie Windstärke und Lichteinfall ab. Zweifler sehen die kilometerlangen Autoschlangen, die sich in der Nähe des Zinser-Ecks täglich durch Tübingen quälen, als Gegenargument.

Adresse Karlstraße / Ecke Friedrichstraße, 72072 Tübingen | **ÖPNV** vom Hauptbahnhof in 5 Minuten zu Fuß erreichbar | **Tipp** Ein beschaulich pittoreskes Fleckchen Tübinger Erde liegt von riesigen Bäumen beschattet am Zufluss der Steinlach in den Neckar rechter Hand des Casinos in der Wöhrdstraße 25.

105__Zundels Berghof

Wo Privilegien zu Hause waren

Ob dem Himmelreich – wer würde dort nicht gerne wohnen? Georg Friedrich Zundel war es vergönnt, denn zu Beginn der 1930er Jahre hatte der ihm freundschaftlich verbundene Robert Bosch oberhalb von Lustnau den Berghof ursprünglich für seine Töchter erbauen lassen. Die daneben gelegene Villa Sonnhalde nebst Atelier geht auf einen Entwurf von Zundel zurück.

Dabei lief es bei Zundel zu Beginn seines Lebens nicht gerade rund. Wenn man vom Verlust seiner Mutter im Alter von sechs Jahren absieht, wuchs er zunächst in normalen Verhältnissen auf. Zumindest bis er 14 war, denn dann suchte er der neuen Frau seines Vaters wegen das Weite und lernte Dekorationsmalerei. Der Sprung nach Abschluss der Lehre an eine Kunsthochschule in Karlsruhe und wenig später in Stuttgart ließ sich gut an. Trotzdem fanden seine Mühen ein vorzeitiges Ende, weil er sich an einem Streikaufruf unter der Studentenschaft beteiligt hatte. Der Hauch sozialistischer Ideen hatte damals auch den Weg nach Stuttgart gefunden und wehte an Zundel nicht vorbei. Ausschlaggebend mochte auch seine Begegnung mit der deutlich älteren Frauenrechtlerin Clara Zetkin gewesen sein. Dann kam noch Amors Pfeil hinzu, und 1899 gaben sich Zetkin und Zundel das Jawort. Damals lebten sie in Sillenbuch, wo auch Größen wie Lenin verkehrten. Zwei Seelen wohnten auch in seiner Brust, doch irgendwann gewann sein Kunstsinn die Oberhand. Das sozialistische Engagement verlor an Biss und führte letzten Endes zur Trennung von Zetkin. Da er von Kunstmäzenen unterstützt wurde, war sein Auskommen gesichert. 1927 heiratete er Paula Bosch und lebte mit ihr auf dem Berghof.

Paula und ihre Schwester Margarete stifteten zwölf Jahre nach Zundels Tod die Tübinger Kunsthalle für das künstlerische Lebenswerk Zundels. Der Berghof beherbergt seit einigen Jahren auf Betreiben des Zundel-Sohns Georg das Institut für Angewandte Wirtschaftsforschung.

Adresse Berghof, Ob dem Himmelreich, 72074 Tübingen-Lustnau | **ÖPNV** Bus 7, 23, Haltestelle Eichhaldenstraße; rund 100 Meter die Pfrondorfer Straße entlang und links in die Straße Ob dem Himmelreich einbiegen | **Öffnungszeiten** von außen zu besichtigen | **Tipp** In der Lustnauer Dorfackerstraße erhebt sich, umfangreich saniert und mit imposanter Backsteinfassade, ein Teil der 1875 gegründeten Brauerei zum Ochsen, der heute für Wohnungen und Geschäftsräume genutzt wird.

106___ Der Gasthof Lamm

Das Ländle »brennt«

Schwaben sind nicht geizig, nur sparsam, und trotzdem haben sie seit Jahren mit den Schotten etwas gemein. Es geht um Whisky, der vor rund 25 Jahren seinen Siegeszug im Ländle begann. Am Anfang war es durchaus ein Wagnis für Pionier Christian Gruel aus Owen, der Hochburg schwäbischer Schnapsbrennereien: Was ein Schwabe nicht kennt, das trinkt er nicht – oder doch?

Plötzlich war Whisky »in aller Munde«, und so führen mittlerweile viele Brennereien im Umkreis das bernsteinfarbene Edelgetränk im Sortiment. Und mehr noch: 2010 wurde in Tübingen der Schwäbische Whiskytag (meist im Oktober) ins Leben gerufen, zudem trägt eine Schwäbische Whisky-Botschafterin mit Vorträgen und Verkostungen zur Whiskykultur bei. 2012 kam der Schwäbische Whisky Walk inklusive Destillenführung und Degustation dazu, und ein Schwäbisches Whiskyglas samt Logo ist selbstredend schon erfunden.

Nur einen Katzensprung vor Tübingens Toren ist Volker Theurers Brennerei, 2012 für ihren Ammertal-Whisky zu einer der besten in ganz Deutschland gekürt, eine gute Adresse. Dabei kam er als Inhaber des »Lamms« eher zufällig zum Geist in der Flasche. Schon in den 1950er Jahren hatten seine Großeltern die Gaststätte einschließlich Landwirtschaft und Brennrecht erworben. Um zu verhindern, dass das Brennrecht erlischt, versuchte er sich 1987 am Destillieren eines Obstlers. Bei einem blieb es nicht. Für ihn wurde das Brennen zur Leidenschaft. Als dann ein obstarmes Jahr kam, nahm er Getreide. Eine Anfrage nach Whisky beflügelte zusätzlich seine Experimentierfreude, und so nahm die Geschichte um den Ammertal-Whisky 1990 ihren Lauf. Dabei setzt Theurer auf erstklassige regionale Qualität der Grundkomponenten Wasser und Getreide. Nach der Destillation folgt jahrelanges Reifen in Holzfässern. Das Holz verleiht zusätzliches Aroma, und der Verdunstungsverlust wird als »Anteil der Engel« gelassen hingenommen.

Adresse Gasthof Lamm – Hotel, Restaurant & Brennerei Volker Theurer, Jesinger Hauptstraße 55, 72070 Tübingen-Unterjesingen, Tel. 07073/91820 | **ÖPNV** Regionalbahn Richtung Herrenberg, Haltestelle Bahnhof Unterjesingen Mitte | **Öffnungszeiten** Brennereiverkauf: Mo – Fr 8 – 12 und 14 – 18 Uhr, Sa 8 – 18 Uhr; Führungen mit Verkostung und Menüs nach Vereinbarung | **Tipp** Beste heimische Produkte sind im Mühlenlädle des Familienbetriebs Kienzlen gleich bei der Mühle zu bekommen (www.getreidemuehle-kienzlen.de).

107 Das Keltermuseum

Selbst Weißwein macht rote Nasen

Auch wenn der Weinanbau im Tübinger Raum während des Mittelalters eine bedeutende Rolle spielte, Gôgen lebten meist höchst bescheiden. Bis 1848 unterlagen sie feudalen Strukturen mit Pachtzins, der Abgabe des Zehnten, und die Nutzung von Keltern gab es auch nicht umsonst. Die übliche Praxis der Realteilung führte durch immer kleiner werdende Bewirtschaftungsparzellen in eine falsche Richtung.

Die Weinbauern bildeten als Gôgen oder Raupen bis zum Beginn des 20. Jahrhunderts eine Art eigenständige Bevölkerungsgruppe, die – gemeinhin als starrköpfig, einfältig und derb bekannt – so manchem aus dem ehrbaren Zirkel der Universitätsstadt die Sprache verschlug. Der hartgesottene Dialekt war nicht jedermanns Sache und für Reingeschmeckte schlicht unverständlich. So beschwerlich der Alltag, so ungeschliffen der Humor: Gôgen-Witze nahmen kein Blatt vor den Mund. Und der Eigensinn ging manchmal eigene Wege. Am Wurmlinger Kapellenberg etwa sind die Weinreben bis heute querterrassiert, was früher als Kardinalfehler belächelt wurde. Heute stellen einige Winzer ihre Pflanzungen sogar um, da dies offenbar Vorteile bei der Bewirtschaftung und sogar positive Auswirkungen auf die Traubenqualität haben soll.

Das Gôgen-Leben war im Ammertal nicht anders als im übrigen Ländle. Mit zunehmender Bedeutung wurde auch hier seit dem 12. Jahrhundert den Oechslegraden nachgejagt. In früheren Zeiten dürfte die Arbeit eine echte Schinderei gewesen sein, denn die Steilhänge, damals ohne befestigte Wege, waren eine Herausforderung an sich. Ab 1784 galt die vom Klosteramt Bebenhausen erbaute Rosecker Kelter allen Gôgen, die westlich von Unterjesingen gelegene Weinberge bewirtschafteten, als Anlaufstelle. 1986 wurde genau hier vom Förderkreis Unterjesinger Kelter eine Ausstellung eingerichtet, die ländliches Leben im 19. und 20. Jahrhundert mit vielen Objekten von anno dazumal dokumentiert.

Adresse Isinger Kelter, Kirchhalde 10, 72072 Tübingen-Unterjesingen, Tel. 07073/7550 | **ÖPNV** Regionalbahn bis Haltestelle Unterjesingen Mitte; ab Bahnhof Mitte in 8 Minuten zu Fuß erreichbar | **Öffnungszeiten** am 1. So im Monat 14–18 Uhr und nach Vereinbarung, Führungen auf Anfrage | **Tipp** Direkt neben der Alten Kelter in der Kirchhalde 9 zeigt das im Jahr 1609 erbaute Zeeb-Haus die bäuerliche Wohnkultur des 19. Jahrhunderts. Die Öffnungszeiten sind identisch mit denen der Isinger Kelter.

108_ Die Milchtankstelle

Wo Milch ohne Honig fließt

Reusten hat es, Ofterdingen hat es, und Tübingen hat es auch. Der malerische Stadtteil Waldhausen, einst Gutshof des Klosters Bebenhausen, zeigt geprägt von Bauernhöfen ein völlig anderes Flair als die dirckt angrenzende Wohnsiedlung Waldhäuser Ost. Für Einwohner der Siedlung ein direkter Draht zu ländlich bäuerlicher Atmosphäre, denn hier bestimmen Pferde und Kühe, Felder, Wiesen und Obstbäume das Bild. Hier kräht der Hahn, hier tuckern Traktoren. Lange schon profitieren auch die »Hochhäusler« von dem Idyll.

Und beim Bechtle-Hof »ist was zu holen«. Seit vielen Jahren schon werden Obst, Gemüse und Eier verkauft. 1994 kam eine hofeigene Backstube dazu, im Jahr 2000 eine Brennerei, und irgendwann wurde ein Hofladen daraus. Wer die Öffnungszeiten verpasst, braucht sich trotzdem nicht zu grämen. Ein sogenannter Regiomat, ein Automat mit regionalen Produkten, bietet rund um die Uhr vieles, was man eben schnell noch gerne hätte. Neben einem Standardsortiment finden sich auch saisonale Produkte.

Gleich daneben steht eine 24-Stunden-Tankstelle der besonderen Art. Hier lässt sich frische Rohmilch mit unverfälschtem Geschmack und natürlichem Nährstoffgehalt tanken. Die Kühe bekommen ausschließlich Futter von eigenbewirtschafteten Äckern und Wiesen. Klingt gut, ist gut und schmeckt gut.

Milchtankstellen liegen im Trend. Zum einen garantieren sie eine Qualität, die kein Supermarkt bieten kann, zum anderen sichern sie Landwirten durch Direktvermarktung einen fairen Preis. Zudem sind die Milchtankstellen sieben Tage die Woche 24 Stunden »geöffnet«.

Die Idee der »Stählernen Kuh« ist nicht neu. Schon in den 1970er Jahren wurden zur Einsparung von Verpackungen Milkomaten in Lebensmittelgeschäften aufgestellt. Prinzipiell eine gut gemeinte Sache, durchgesetzt hat sie sich aber nicht. Erst seit 2012 floriert die Direktvermarktung von Rohmilch aus der Zapfsäule ab Hof.

Adresse Milchtankstelle Bechtle-Hof, Waldhausen 11, 72076 Tübingen-Waldhausen |
ÖPNV Bus 2, 3, 4, 5, 6, Haltestelle Ulmenweg; ab Bahnhof zu Fuß in 5 Minuten er-
reichbar | **Tipp** Gleich nebenan bietet der Waldhäuser Hof Kulinarisches vom Feinsten.
An schönen Sommerabenden präsentiert sich hier der zugehörige Biergarten besonders
ländlich-lauschig (www.waldhaeuserhof.de).

109__Die Weiler Burg

Wo sich der Adel die Hände reichte

Wenn auf der Spitze des hinter hohen Bäumen versteckten Berg-
frieds auf dem Weiler »Hausberg« eine Flagge weht, wissen Anwoh-
ner um deren Bedeutung. Dann nämlich hat die kleine Gastronomie
in der geschichtsträchtigen Ruine ihre Tür geöffnet.

Die erste urkundliche Erwähnung der Höhenburg geht auf das
Jahr 1225 zurück, bei der »Albertus, dominus de Rotinburc« zur Be-
glaubigung das Siegel seines verstorbenen Bruders Graf Burkhard
von Hohenberg nutzte. Wer die Burg tatsächlich während des Hoch-
mittelalters erbauen ließ und wann genau, daran scheiden sich die
Geister. Mussten sich hier im 11. oder im 12. Jahrhundert Unter-
tanen buckeln und schinden? Waren es Vorfahren derer von Zollern-
Hohenberg oder die Edelfreien von Rotenburg, eine Nebenlinie der
Dillinger Grafen, die auf dem 555 Meter hohen Zeugenberg am
nordöstlichen Ausläufer des Rammert eine Burgfeste haben wollten?
Spätestens im 13. Jahrhundert aber fanden die Grafen von Hohenberg hierher, denn um 1235 kam auf der Burg Albrecht II. als Sohn
des Grafen Burchard V. von Hohenberg und der Erbgräfin Mechthild aus der Familie der Pfalzgrafen von Tübingen zur Welt.

Auf Albrecht, seines Zeichens Reichslandvogt und Minnesänger,
geht die Begründung der Stadt Rottenburg zurück. Weiter reichen-
de Geschichte schrieb allerdings Albrechts ältere Schwester Ger-
trud von Hohenberg. Auch auf der Weiler Burg geboren, bekam sie
1253 durch die Eheschließung mit Rudolf von Habsburg den Titel
Gräfin von Habsburg, Kyburg und Löwenstein. Seit der Krönung
Rudolfs 1273 zum römisch-deutschen König nannte sie sich Köni
gin Anna, die als Stamm-Mutter der Habsburger Dynastie in Öster-
reich gilt.

Nach und nach verlor die Burg an Bedeutung, wurde verkauft,
zerstört und 1624 zur Nutzung als Baumaterial bis auf die Grundmauern abgetragen. Der Wiederaufbau von Turm und Tor im Jahr
1874 geht auf die Initiative des Sülchgauer Altertumsvereins zurück.

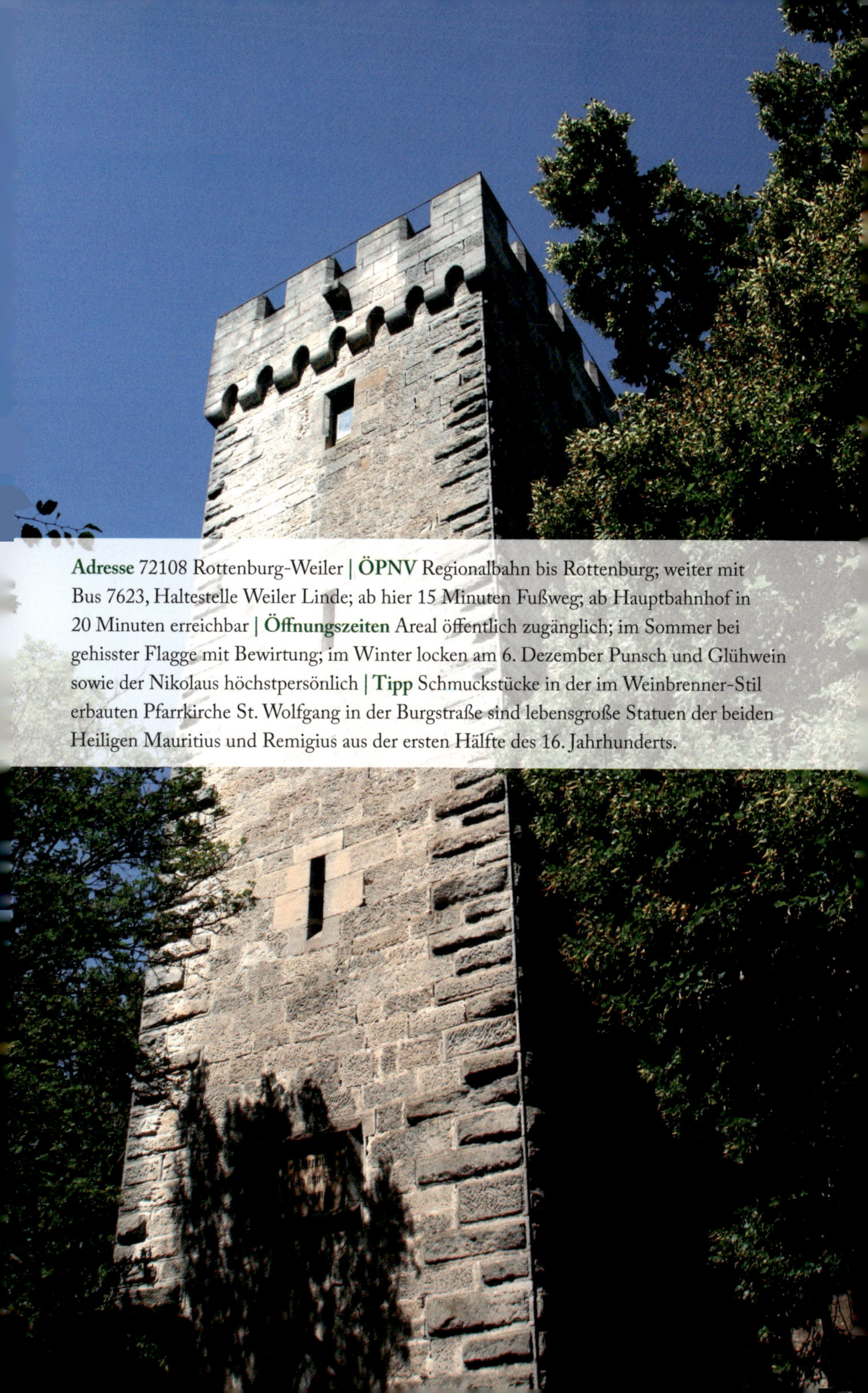

Adresse 72108 Rottenburg-Weiler | **ÖPNV** Regionalbahn bis Rottenburg; weiter mit Bus 7623, Haltestelle Weiler Linde; ab hier 15 Minuten Fußweg; ab Hauptbahnhof in 20 Minuten erreichbar | **Öffnungszeiten** Areal öffentlich zugänglich; im Sommer bei gehisster Flagge mit Bewirtung; im Winter locken am 6. Dezember Punsch und Glühwein sowie der Nikolaus höchstpersönlich | **Tipp** Schmuckstücke in der im Weinbrenner-Stil erbauten Pfarrkirche St. Wolfgang in der Burgstraße sind lebensgroße Statuen der beiden Heiligen Mauritius und Remigius aus der ersten Hälfte des 16. Jahrhunderts.

110 Der Weilheimer Menhir

Ein echt harter Brocken

Ein ganz normaler Arbeitstag sollte es damals im April 1985 nicht werden. Beim Aushub für den Bau eines Hauses in der Weilheimer Herrenstraße 15 blockierten in eineinhalb Metern Tiefe zwei mächtige Fels- oder Betonklötze die Arbeiten. Als der Baggerfahrer mit Mühe und Geschick den ersten Brocken ans Tageslicht beförderte, war zufällig Architekt Michael Laux vor Ort. Schnell realisierte er, dass der mächtige Stein mehr als lästiger Bauaushub war. Nach Bergung des zweiten Teilstücks zeigte sich, dass die Bruchstelle genau zu dem am Weg liegenden ersten Fragment passte.

Polier Jakob Biesinger und Laux reinigten die insgesamt über vier Meter langen Fundstücke aus Stubensandstein vom Erdmaterial, dann offenbarte sich die Sensation: Neben »neuzeitlichen« Baggerspuren wurden Reliefs von Stabdolchen als Herrschafts- oder Würdezeichen sowie von einer ovalen Scheibe oder Mondsichel erkennbar. Auf der Rückseite zeigten sich unregelmäßig angeordnet »näpfchenförmige« Vertiefungen und Rillen. Laux informierte sogleich das Denkmalamt, aber die Meldung erreichte offensichtlich nicht das richtige Ohr.

So lag der Menhir am Wegrand und wurde während einer Radtour des ansässigen Ehepaars Hoyer-Müller sozusagen ein zweites Mal entdeckt. Sie wandten sich an Hartmann Reim vom Landesdenkmalamt, womit die archäologische Sternstunde Weilheims begann. Der in die frühe Bronzezeit datierte Menhir an einem archaischen Kult- oder Begräbnisort ist hier nördlich der Alpen bislang einzigartig. Vergleichbares fand sich in Oberitalien und Südtirol, was auf damalige Kontakte schließen lässt.

In Weilheim erinnert ein Replikat am Wegrand unweit der Bergungsstelle an den spektakulären Fund. Wer daran klopft, wird es bemerken: Die Nachbildung ist hohl. Das rund fünfeinhalb Tonnen schwere, massive Original ist heute im Archäologischen Landesmuseum Baden-Württemberg in Konstanz zu bewundern.

Adresse Herrenweg, 72072 Tübingen-Weilheim, Koordinaten 48.492717, 9.030778 |
ÖPNV Buslinie 7622/19, Haltestelle Alte Landstraße Weilheim | **Öffnungszeiten** Das an
einer Weggabelung aufgestellte Replikat ist frei zugänglich. | **Tipp** Schon im 18. Jahr-
hundert galt das Neuwirtshaus Tübinger Studenten als willkommene Adresse, zumal es
über einen Fechtboden außerhalb der akademischen Gerichtsbarkeit verfügte. Heute als
»Weilheimer Kneiple« bekannt, serviert die Gastwirtschaft überwiegend griechische
Küche. Zum Programm zählen hin und wieder Konzerte oder andere Veranstaltungen
(www.weilheimerkneiple.de).

111 Der Pfaffenberg

Wo Kröten First Class residieren

Bis in die 1960er Jahre hinein bedeutete der Pfaffenberg so manchem Lohn und Brot. Steinhauer bauten hier feinkörnigen Schilfsandstein ab, eine geologische Rarität, die sich vor rund 220 Millionen Jahren aus verwittertem Schutt nordischen Keupers bildete und über Flusssysteme ins Ländle kam. Die Bezeichnung Schilfsandstein, die sich von Abdrücken fossiler Pflanzen herleiten lässt, gehört wie der Steinabbau selbst der Vergangenheit an. Seit 1997 wird die sedimentäre Gesteinsschicht offiziell Stuttgart-Formation genannt. Der leicht zu bearbeitende Stein war in vergangenen Zeiten vor allem zum Bau von Gebäuden gefragt. Vermutlich als Nebenerwerb fertigten Steinhauer unter anderem Wetzsteine an, die so begehrt waren, dass sie auch über die Landesgrenzen hinaus Abnehmer fanden. Was übrig blieb, wurde oft zu anderen Bauzwecken genutzt. So entdeckte der Wendelsheimer Steinmetzmeister Harald Straub bei Arbeiten an einer Weinberg-Trockenmauer im Jahr 2012 eine Steinplatte mit Umrissen von Wetzsteinen, die vor rund hundert Jahren herausgeschlagen wurden. Aber auch Bruchstücke von vermauerten Steinmetzarbeiten sind ab und an in Wendelsheimer Häusern zu entdecken. Ein Grabstein mit Inschrift, mittlerweile restauriert und am Friedhofseingang der Wurmlinger Kapelle angebracht, fand Straub an einer Haustreppe verbaut. Heute gilt der Schilfsandstein bei der Renovierung historischer Bauten als erste Wahl.

Auf dem Pfaffenberg indes haben sich die Zeiten geändert. Sozusagen über Nacht bildete sich durch Wassereinbruch ein kleiner See. Von hohen Bäumen beschattet und fast vollständig mit Wasserlinsen überdeckt, wird der manchen Wanderern beseelt scheinende Ort zu Recht Märchensee genannt. Hier und in weiteren Tümpeln entlang dem aufgelassenen Steinbruch ist das naturgeschützte Areal seit der Aussetzung von Geburtshelferkröten im Jahr 1928 bis heute deren Revier geblieben.

Adresse Pfaffenberg, 72108 Rottenburg-Wendelsheim | **ÖPNV** Bus 18, Haltestelle Wendelsheimer Post; von hier entlang der Windolfstraße an der Kirche vorbei in die Steinbruchstraße einbiegen; beim ersten Abzweig links den steil ansteigenden Weg zum Märchensee nehmen | **Tipp** Die Entstehung großflächiger Fresken im Chorraum der Kirche St. Katharina in der Oberen Dorfstraße wird in das ausgehende 14. Jahrhundert datiert (www.se-pfaffenberg.de/wendelsheim).

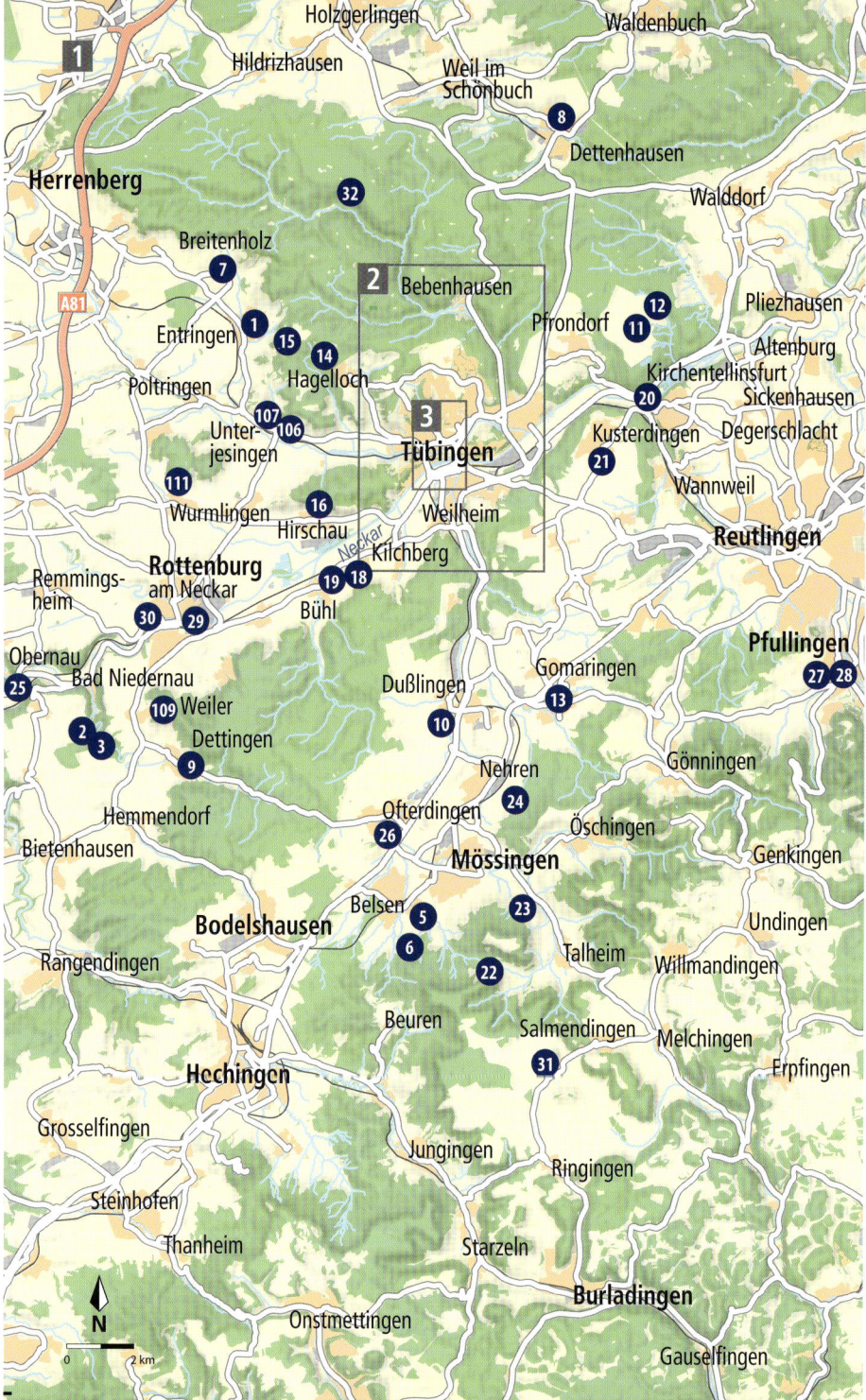

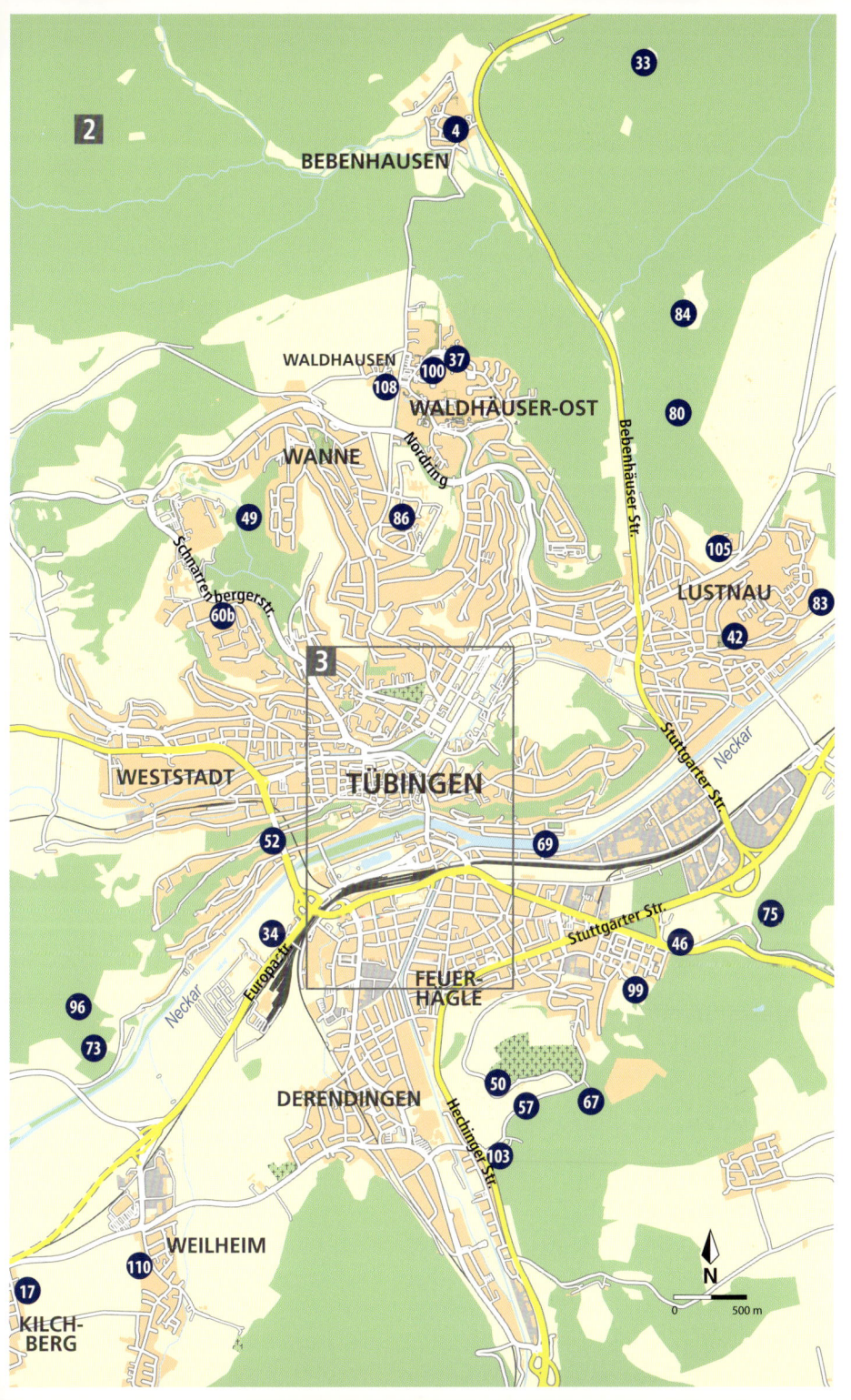

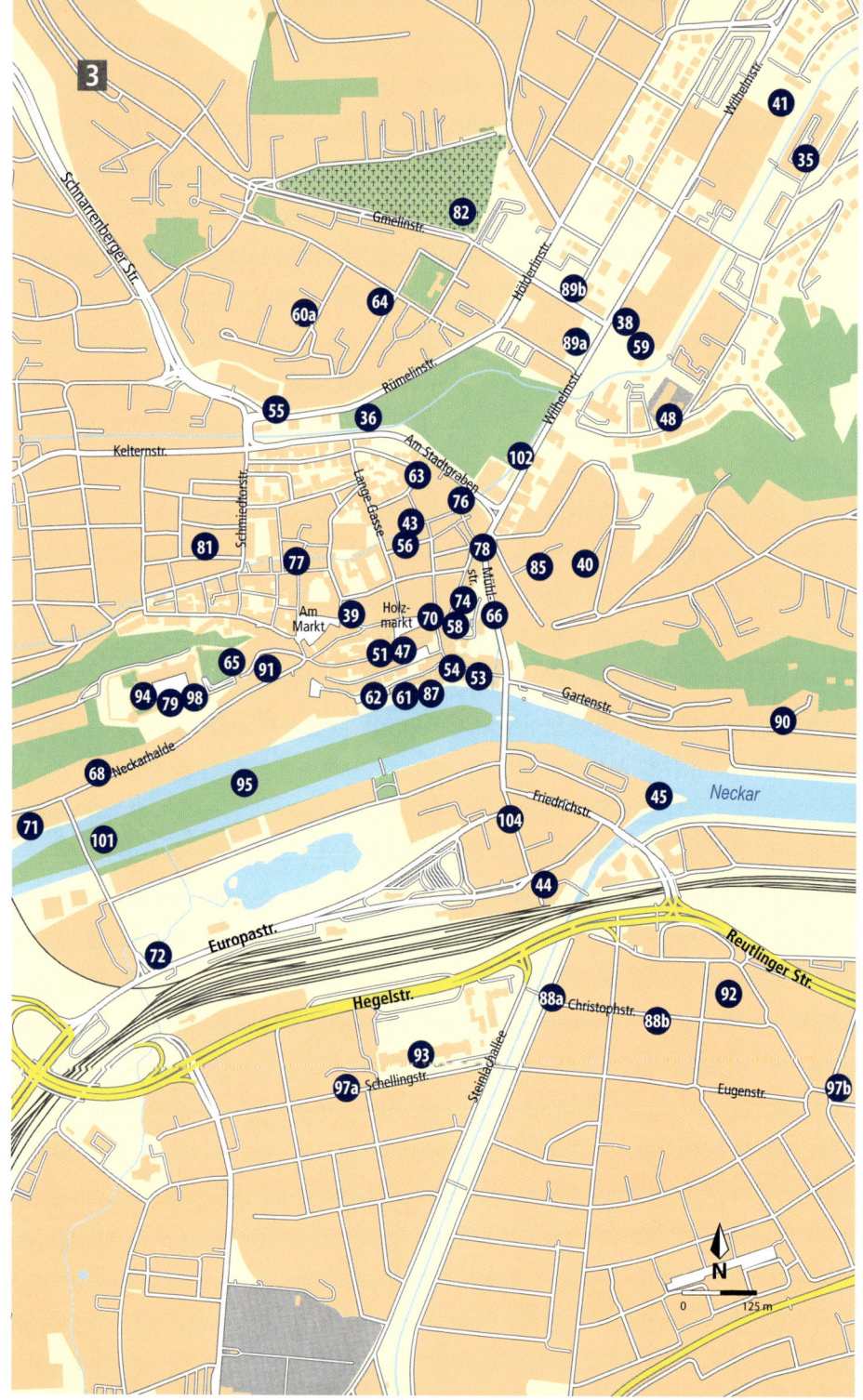

Dorothee Fleischmann,
Carolina Kalvelage
**111 Orte in Budapest, die
man gesehen haben muss**
ISBN 978-3-95451-744-2

Floriana Petersen
111 Orte in San Francisco,
die man gesehen
haben muss
ISBN 978-3-95451-750-3

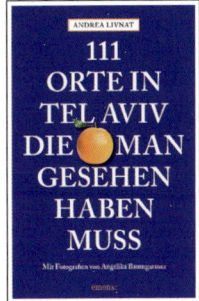

Andrea Livnat,
Angelika Baumgartner
**111 Orte in Tel Aviv, die
man gesehen haben muss**
ISBN 978-3-95451-703-9

Oliver Schröter, Falk Saalbach
**111 Orte in Zürich, die man
gesehen haben muss**
ISBN 978-3-95451-538-7

Cornelia Lohs
**111 Orte in Bern, die man
gesehen haben muss**
ISBN 978-3-95451-669-8

Giulia Castelli Gattinara,
Mario Verin
**111 Orte in Mailand, die
man gesehen haben muss**
ISBN 978-3-95451-617-9

Cornelia Ziegler,
Chris Sindermann
**111 Orte auf Kreta, die man
gesehen haben muss**
ISBN 978-3-95451-540-0

Dorothee Fleischmann,
Carolina Kalvelage
**111 Orte an der Costa Brava,
die man gesehen haben muss**
ISBN 978-3-95451-561-5

Jo-Anne Elikann
**111 Orte in New York, die
man gesehen haben muss**
ISBN 978-3-95451-512-7

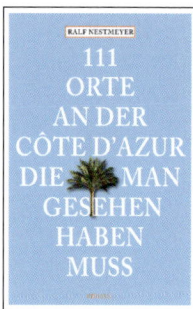

Ralf Nestmeyer
**111 Orte an der Côte d'Azur,
die man gesehen haben muss**
ISBN 978-3-95451-563-9

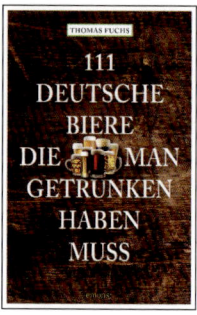

Thomas Fuchs
**111 deutsche Biere, die man
getrunken haben muss**
ISBN 978-3-95451-414-4

Rüdiger Liedtke,
Laszlo Trankovits
**111 Orte in Kapstadt, die
man gesehen haben muss**
ISBN 978-3-95451-456-4

Gerd Wolfgang Sievers
**111 Orte in Venedig, die
man gesehen haben muss**
ISBN 978-3-95451-352-9

Eckhard Heck
**111 Orte in Maastricht, die
man gesehen haben muss**
ISBN 978-3-95451-368-0

Petra Sophia Zimmermann
**111 Orte am Gardasee und
in Verona, die man gesehen
haben muss**
ISBN 978-3-95451-344-4

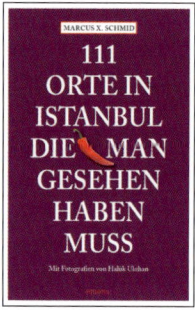

Marcus X. Schmid,
Halûk Uluhan
**111 Orte in Istanbul, die
man gesehen haben muss**
ISBN 978-3-95451-333-8

Christiane Bröcker,
Babette Schröder
**111 Orte in Stockholm, die
man gesehen haben muss**
ISBN 978-3-95451-203-4

Oliver Schröter
**111 Orte für echte Männer, die
man gesehen haben muss**
ISBN 978-3-95451-228-7

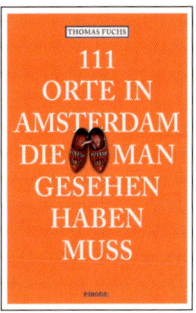

Thomas Fuchs
111 Orte in Amsterdam, die man gesehen haben muss
ISBN 978-3-95451-209-6

Annett Klingner
111 Orte in Rom, die man gesehen haben muss
ISBN 978-3-95451-219-5

John Sykes, Birgit Weber
111 Orte in London, die man gesehen haben muss
ISBN 978-3-95451-117-4

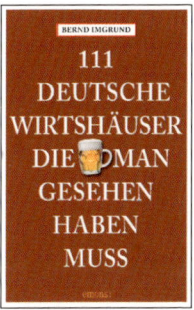

Bernd Imgrund
111 deutsche Wirtshäuser, die man gesehen haben muss
ISBN 978-3-95451-080-1

Susanne Thiel
111 Orte in Madrid, die man gesehen haben muss
ISBN 978-3-95451-118-1

Dirk Engelhardt
111 Orte in Barcelona, die man gesehen haben muss
ISBN 978-3-95451-066-5

Stefan Spath
111 Orte in Salzburg, die man gesehen haben muss
ISBN 978-3-95451-114-3

Ralf Nestmeyer
111 Orte in der Provence, die man gesehen haben muss
ISBN 978-3-95451-094-8

Peter Eickhoff, Karl Haimel
111 Orte in Wien, die man gesehen haben muss
ISBN 978-3-89705-969-6

Rike Wolf
**111 Orte in Hamburg, die
man gesehen haben muss**
ISBN 978-3-89705-916-0

Rüdiger Liedtke
**111 Orte auf Mallorca, die
man gesehen haben muss**
ISBN 978-3-89705-975-7

Lucia Jay von Seldeneck,
Verena Eidel, Carolin Huder
**111 Orte in Berlin, die man
gesehen haben muss**
ISBN 978-3-89705-853-8

Rüdiger Liedtke
**111 Orte in München, die
man gesehen haben muss**
ISBN 978-3-89705-892-7

Lucia Jay von Seldeneck,
Verena Eidel, Carolin Huder
**111 Orte in Berlin, die man
gesehen haben muss**
Band 2
ISBN 978-3-95451-207-2

Bernd Imgrund,
Britta Schmitz
**111 Kölner Orte, die man
gesehen haben muss**
Band 1
ISBN 978-3-89705-618-3

Bernd Imgrund,
Britta Schmitz
**111 Kölner Orte, die man
gesehen haben muss**
Band 2
ISBN 978-3-89705-695-4

Marx de Morais
**111 Orte in Turin und im
Piemont, die man gesehen
haben muss**
ISBN 978-3-95451-736-7

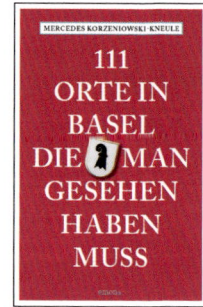

Mercedes
Korzeniowski-Kneule
**111 Orte in Basel, die man
gesehen haben muss**
ISBN 978-3-95451-702-2